Manuel Martín Algarra

AXIOLOGÍA DE LA COMUNICACIÓN

Aplicación del modelo general de la comunicación de George Gerbner al caso del tabaco: de la legitimidad a la proscripción

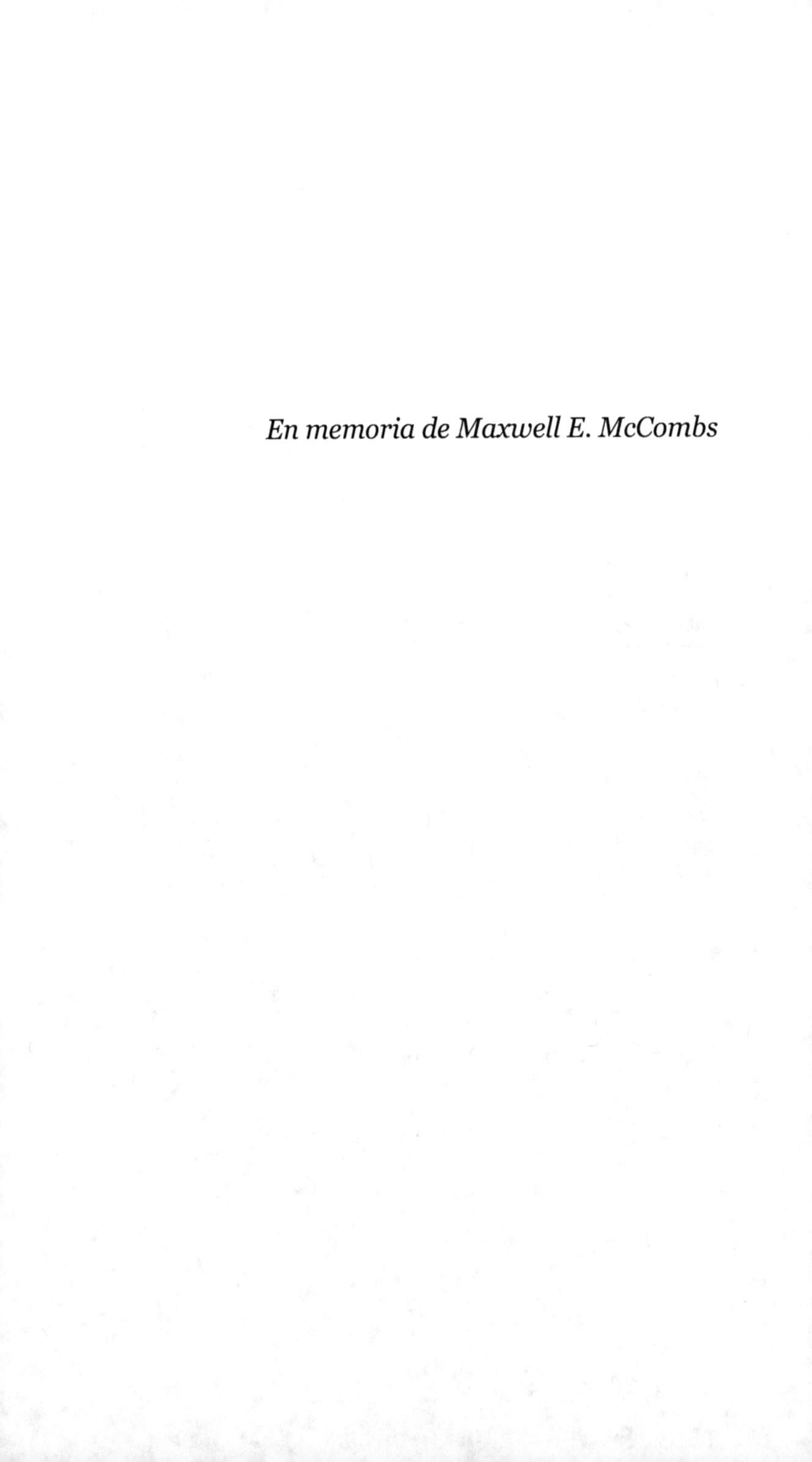

En memoria de Maxwell E. McCombs

La teoría de la comunicación puede encontrar una orientación científica basada en los valores o seguir siendo la elaboración de técnicas de manipulación.

George Gerbner, 1956

ÍNDICE

Presentación

Escribí estas páginas hace 20 años. Cumplieron su cometido entonces y quedaron en el disco duro hasta que hace unas semanas me volví a encontrar con ellas. Me pareció que, al margen del interés que puedan tener, hay algo de verdad en el planteamiento desde el que fueron escritas: los clásicos siempre aportan algo.

En tiempos de desinformación como los nuestros, vale la pena buscar referencias sólidas que sitúen adecuadamente el papel de los medios en la vida social. George Gerbner fue uno de los pioneros de la investigación en comunicación. En un artículo de 1956 formuló su modelo general en el que ponía el énfasis en la generación de conocimiento como consecuencia natural de la comunicación, situando así la comunicación pública en las antípodas de la desinformación. Gerbner concibe la comunicación como el encadenamiento de las acciones de percibir y expresar la realidad libremente, de manera que "las creencias verdaderas reflejen puntos de vista válidos y los presenten a través de medios y formas efectivas". Esa dinámica generadora del conocimiento, que anticipa la teoría del cultivo formulada por el propio Gerbner y sus colaboradores años después, precisa de la participación de los gobiernos para promover la libre selección de contenidos, de las artes para hacer la verdad más creíble y de la ciencia para hacer las creencias más verdaderas.

El interés por Gerbner se lo debo a mi maestro, Esteban López-Escobar. Fue él quien, hace muchos años, tras haber traducido y trabajado ampliamente el artículo, me descubrió el carácter axiológico de la propuesta y sembró en mí el deseo de conocer a los autores clásicos de nuestro campo de estudio, la comunicación, en búsqueda de sus fundamentos conceptuales. Quede aquí constancia de ello junto con mi agradecimiento por tantas cosas.

Enfrentarme a un texto escrito por uno mismo hace más de 20 años ha sido un ejercicio interesante. No he actualizado el aparato crítico, solamente me he limitado a actualizar los sitios web que manejé en el ya lejano 2003.

La extensión intermedia de este trabajo lo hacen poco idóneo para una publicación convencional. Me parece, no obstante, que alguien puede encontrar de interés estas páginas, ya sea por lo que tienen de propuesta teórica sobre la comunicación, ya sea por la historia relativa al tabaco y a su consumo, ya sea por la aplicación de la primera a la segunda. Ojalá sea así.

Pamplona, 8 de septiembre de 2024

I
Criterios axiológicos y comunicación: un reencuentro con George Gerbner

Los problemas de carácter epistemológico que tiene la comunicación como campo de estudio son de sobra conocidas y han sido tratadas con profusión[1]. Pocas cuestiones como ésta despiertan una casi completa unanimidad entre los investigadores de la teoría de la comunicación. Estos problemas se reducen en última instancia a tres:

i) La falta de claridad acerca del objeto de estudio de nuestra ciencia[2].

ii) La consiguiente ausencia de un marco de referencia en el que situar los fenómenos de los que se ocupa la investigación[3].

iii) La falta de valores desde los que orientar los hallazgos de la investigación, por lo que estos se quedan en la mera descripción de un proceso

1. Cfr., por ejemplo, J. D. Peters, *Speaking into the Air: A History of the Idea of Communication*, University of Chicago Press, Chicago, 1999; S. W. Littlejohn, *Theories of Human Communication*, Wadsworth Publishing Company, Belmont, 1996; M. Rodrigo Alsina, *Teorías de la comunicación. Ámbitos, métodos y perspectivas*, Universitat Autònoma de Barcelona. Servei de Publicacions, Bellaterra, 2001; M. Martín Algarra, *Teoría de la comunicación: una propuesta*, Tecnos, Madrid, 2003; G. J. Shepherd, "Building a Discipline of Communication", en *Journal of Communication*, 43, 1993, pp. 83-91; L. Thayer, *On Communication: Essays in Understanding*, Ablex, Norwood, 1987.
2. Cfr. M. Rodrigo Alsina, *Teorías de la comunicación. Ámbitos, métodos y perspectivas*, cit., pp. 40-48.
3. Cfr. L. Thayer (ed.), *Communication Theory and Research: Proceedings of the First International Symposium*, Charles C. Thomas, Springfield, 1967, p. v.

técnico, y no ofrecen estándares o criterios de valoración[4].

Estos problemas explican en gran medida la debilidad por parte de la investigación en comunicación para juzgar los propios hallazgos, así como la apariencia de dispersión que tiene nuestro campo.

En muchas ocasiones, los problemas de carácter epistemológico tienen su inicio precisamente en los orígenes del campo de estudio, esto es, en quienes inicialmente configuraron un ámbito para reflexionar sobre determinada realidad. La comunicación, como campo de estudio no ha sido ajeno a ese tipo de consideraciones. Y, realmente, la diversidad de procedencias e intereses de las aportaciones que se hicieron a nuestro campo en sus orígenes ha hecho que, con frecuencia, las respuestas sobre la propia identidad del campo hayan quedado sin responder, pues quienes estaban construyendo el campo no tenían necesidad de hacerse ese tipo de preguntas[5].

1 LOS PROBLEMAS EPISTEMOLÓGICOS EN EL ESTUDIO DE LA COMUNICACIÓN

Podría decirse que este tipo de cuestiones sobre la propia identidad del campo sólo comenzaron a plantearse en una segunda generación de investigadores de la comunicación que no tenían otra identidad académica a la que recurrir —como sí la tenían los que comenzaron desde otras disciplinas—, por lo que se hizo necesario

4. Cfr. G. Gerbner, "Toward a General Model of Communication", en *Audio Visual Communication Review*, 4, 1956, pp. 171-199.
5. Cfr. J. D. Peters, "Institutional Sources of Intellectual Poverty in Communication Research", en *Communication Research*, 13, 1986, pp. 527-559.

perfilar el ámbito de su estudio en el que trabajaban.

Acudir a los clásicos, siempre ha sido una buena forma de dar respuesta a las propias perplejidades sobre la identidad intelectual de un campo de estudio. Ciertamente, ni siempre, ni todos los autores incluidos entre los "clásicos" de la disciplina mostraron interés por la cuestión; a veces ni siquiera ofrecieron respuestas convincentes sobre ella, pero es frecuente encontrar en algunos de ellos, enterrados en el aluvión de la investigación empírica al uso, o conocidos sólo por lecturas y citas parciales, respuestas, soluciones, indicaciones o sugerencias propias de quienes con inteligencia y antelación han recorrido ya el camino.

Este recurso a los clásicos —es sabido— no es una novedad. Por citar algunos casos recientes en la teoría de la comunicación, tomaremos el ejemplo de Katz, Peters, Liebes y Orloff y su obra *Canonic Texts in Communication Research*[6]. También en nuestro país ha habido aportaciones interesantes en ese sentido, como los trabajos centrados en la Escuela de Chicago y otros autores realizados por el equipo dirigido por López-Escobar[7].

---

6. E. Katz, J. D. Peters, T. Liebes y A. Orloff (eds.), *Canonic Texts in Communication Research. Are There any? Should There Be? How about These?*, Polity Press, Cambridge, 2003.
7. Además de traducciones de trabajos clásicos con sus respectivos comentarios realizados por López-Escobar, miembros del equipo que dirige han trabajado sobre autores como Park y Mead. Cfr. E. López-Escobar, "Presentación. Eduard A. Ross: un temprano diagnóstico de la prensa capitalista" en *REIS*, 94, 2001, pp. 187-202 (incluye la traducción del artículo de Ross "The Suppression of Important News", publicado en 1910 en la revista *Atlantic Monthly*); E. López-Escobar, "Presentación. En el centenario de Paul Lazarsfeld (1901-1976)", en *REIS*, 95, 2001, pp. 181-210 (incluye la

En estas páginas también acudimos a un autor clásico en nuestro campo: George Gerbner[8]. Más concretamente al primero de sus trabajos que alcanzó gran difusión entre los investigadores de la comunicación. Me refiero a su artículo "Toward a General Model of Communication"[9], publicado en 1956.

a) El modelo de Gerbner

El modelo de Gerbner es ampliamente conocido[10]. Se expone en un trabajo perfectamente encuadrado en el tipo de preocupaciones teóricas habituales en la investigación en comunicación de mediados de los años cincuenta[11]. Con él Gerbner pretende dar respuesta a dos cuestiones centrales entonces —y también en nuestros

traducción del memorándum inédito, fechado en junio de 1940 con el título *Research in Mass Communication*. Está firmando por Lyman Bryson, Lloyd A. Free, Geoffrey Gorer, Harold D. Lasswell, Paul F. Lazarsfeld, Robert S. Lynd, John Marshall, Charles A. Siepmann, Donald Slesinger y Douglass Waples y es el resultado de una serie de conversaciones mantenidas por los autores bajo los auspicios de la Fundación Rockefeller en la ciudad de Nueva York durante los años 1930 y 1940); R. Berganza Conde, *Comunicación, opinión pública y prensa en la sociología de Robert E. Park*, CIS/Siglo XXI, Madrid, 2000; I. Sánchez de la Yncera, *La mirada reflexiva de George Herbert Mead. Sobre la socialidad y la comunicación*, CIS/Siglo XXI, Madrid, 1994.
8. Véase una breve reseña biográfica en *George Gerbner Archive*, <https://web.asc.upenn.edu/gerbner/archive.aspx?sectionID=18> (22/08/24).
9. G. Gerbner, "Toward...", cit., pp. 171-199. Además del original, hemos manejado una traducción aún inédita elaborada por E. López-Escobar que es la que seguimos en las citas literales.
10. Son muchos los trabajos que han recogido y comentado el modelo de Gerbner. Cfr. entre ellos F. C. Johnson y G. R. Klare, "General Models of Communication Research: A Survey of a Decade", en *Journal of Communication*, 11, 1961, pp. 13-26; A. A. Berger, *Essentials of Mass Communication Theory*, Sage, Thousand Oaks, 1995; M. Martín Algarra, *Teoría de la comunicación: una propuesta*, cit.; D. McQuail y S. Windahl, *Modelos para el estudio de la comunicación colectiva*, Eunsa Pamplona, 1989; y W. J. Severin y J. W. Tankard jr., *Communication Theories: Origins, Methods and Uses in the Mass media*, Longman, Nueva York, 1992.
11. G. Gerbner, "Toward...", cit., p. 171.

días—, a saber: qué es la comunicación como objeto de estudio, y qué es la comunicación como campo de estudio de ese objeto. Como señala, "el ámbito del estudio de la comunicación está teniendo problemas de comunicación. No hay una idea clara de su objeto. No hay un marco de referencia para el estudio de sus cuestiones técnicas". Realidad de la comunicación y saber sobre esa realidad: ahí están los objetivos de la investigación de Gerbner.

Para alcanzar su propósito utiliza básicamente una metodología muy al uso en el momento en que fue escrito el artículo: el desarrollo de un modelo, con una versión verbal y otra gráfica. El modelo verbal[12] deja ver una clara influencia del paradigma de Lasswell[13], entre otras cosas porque Gerbner, como hace Lasswell en su fórmula, asigna a cada uno de los elementos que componen su modelo uno de los ámbitos de la investigación que configuran su idea de lo que es la ciencia de la comunicación. Sin embargo, ni por los elementos que recoge en el modelo, ni por las funciones que asigna a esos elementos se puede decir que el modelo de Gerbner sea deudor en demasía de la fórmula de Lasswell. La originalidad de la propuesta está fuera de toda duda, fundamentalmente por la introducción de acciones en el modelo, algo que no había hecho nin-

---

12. Cfr. G. Gerbner, "Toward...", cit., pp. 172-173.
13. Cfr. H. Lasswell, "The Structure and Function of Communication in Society", en L. Bryson (ed.), *The Communication of Ideas*, Harper and Brothers, Nueva York, 1948, pp. 37-51. El artículo de Gerbner no tiene referencias bibliográficas, pero incluye al final una breve bibliografía (21 títulos) sobre teorías y modelos generales de la comunicación en la que, obviamente, está la mencionada obra de Lasswell.

guno de los autores que anteriormente habían teorizado sobre la comunicación por medio de modelos[14].

La expresión gráfica[15] del modelo no se aleja, como es lógico, de la formulación verbal. En ella se hace más obvia la deuda metodológica que tiene el estudio de la comunicación a través de los modelos con la Teoría de sistemas en general[16] y con la Teoría matemática de la comunicación en particular. Como en tantos otros ámbitos del saber[17], la Teoría matemática de la comunicación formulada por Claude Shannon[18] tuvo un gran impacto en la investigación sobre comunicación. Los investigadores de la comunicación de los años 50 del siglo XX adoptaron tanto la terminología como la aproximación sistémica a la realidad propia de la teoría de la información[19], con las ventajas y desventajas que ello tuvo para el desarrollo de la teoría de la comunicación[20].

Según Gerbner, la construcción del modelo gráfico

14. La cuestión de la presencia de acciones en los principales modelos básicos se discute brevemente en M. Martín Algarra, *Teoría de la comunicación: una propuesta*, cit., pp. 115-134.
15. Cfr. G. Gerbner, "Toward...", cit., pp. 174-175.
16. Cfr. L. von Bertalanffy, *Teoría general de los sistemas: fundamentos, desarrollo, aplicaciones*, Fondo de Cultura Económica, México, 1976.
17. Cfr. F. W. Matson y A. Montagu (eds.), *The Human Dialogue: Perspectives on Communication*, Free Press, Glencoe, 1967, viii.
18. Cfr. C. Shannon y W. Weaver, *The Mathematical Theory of Communication*, Illinois University Press, Urbana, 1949.
19. Cfr. J. Roger (a cura di), *La Teoría dell'Informazione*, Societá Editrice Il Mulino, Bologna, 1974, p. 5.
20. Cfr. B. A. Fisher, *Perspectives on Human Communication*, Macmillan, Nueva York, 1978, pp. 18-19 y J. D. Peters, "Institutional Sources of Intellectual Poverty in Communication Research", cit., pp. 539-540.

tiene la ventaja de que "puede representar gráfica-
mente posiciones, direcciones y relaciones"[21]. Sin embargo, también corre más fácilmente el riesgo de "em-
barullarse en el intento de esquematizar los conceptos"[22]. Por eso la construcción y explicación del modelo
gráfico se realiza siguiendo la pauta de los 10 pasos o
elementos determinados en el modelo verbal, como se
observa en la figura 1.

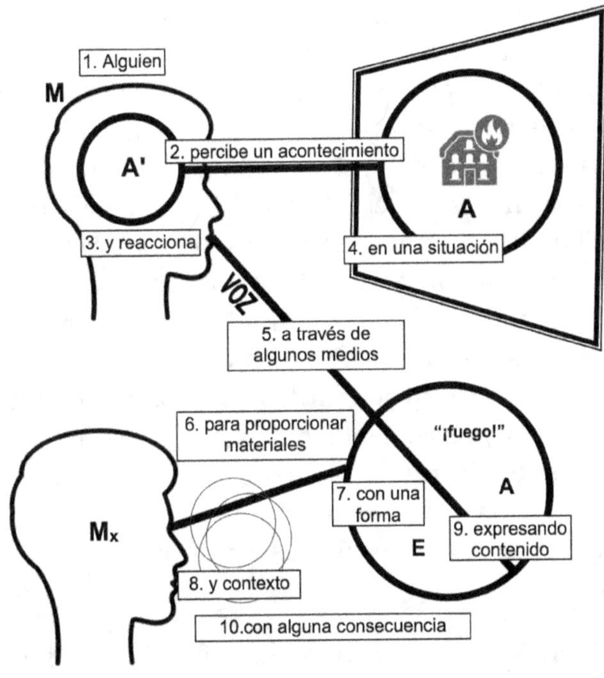

Figura 1. Modelo general de la comunicación de Gerbner

Nos hemos ocupado hasta aquí de la parte más conocida del artículo de Gerbner publicado en 1956, la que

21. G. Gerbner, "Toward...", cit., p. 174.
22. G. Gerbner, "Toward...", cit., p. 174.

trata de la definición y descripción del proceso general de la comunicación por medio de la construcción de un modelo general de la comunicación.

b) *Los contenidos de la ciencia de la comunicación*

Cumplido el primer propósito —en qué consiste la comunicación como objeto de estudio—, la segunda parte del artículo está dedicada a la descripción del campo de estudio de la comunicación o de la ciencia de la comunicación a partir de los elementos que componen el proceso descrito en el modelo. Es inevitable hacer una vez más referencia al paradigma de Lasswell, modelo en el que también se describen los diversos ámbitos en el estudio de la comunicación en función de los cinco elementos de la fórmula de Lasswell[23]. No obstante, como ocurría con la elaboración del modelo, si bien el procedimiento seguido por Gerbner es en líneas generales el mismo que el de Lasswell, uno y otro no guardan una especial similitud. Como ya hemos comentado más arriba, según Gerbner, las implicaciones que tiene su concepto de comunicación en la ciencia sobre esta realidad tienen un parecido sólo circunstancial con lo que Lasswell propone.

Gerbner, como hizo Lasswell, señala —y describe brevemente— diez ámbitos[24] para el estudio de los diez elementos (o pasos) de su modelo verbal como se observa en la tabla 1. Gerbner titula de la siguiente forma los apartados en los que explica esos ámbitos de

23. Cfr. H. Lasswell, "The Structure and Function of Communication in Society", cit., pp. 37-51.
24. Se recogen en G. Gerbner, "Toward...", cit., pp. 183-194.

estudio de la comunicación (excepto el último dedicado al estudio de los cambios globales) que se deducen del modelo general de la comunicación que propone: "1. Los roles de M: investigación del comunicador y la audiencia"; "2. Los aspectos perceptuales de la comunicación"; "3. Reacción a la comunicación: investigación de la efectividad"; "4. Aspectos situacionales: condiciones y métodos de presentación"; "5. Los medios: canales y medios. Distribución y control"; "6. Disponibilidad: estudio de la libertad y del control en la comunicación"; "7. La forma de las señales: del estilo a la estadística"; "8. Contexto: composición del campo de la comunicación"; "9. Contenido: estudio de todas las relaciones tal como se reflejan en el enunciado"; "10. Consecuencias: estudio de los cambios globales".

Modelo verbal	**Áreas de estudio**
1. *"Alguien...*	Investigación del comunicador y de la audiencia.
2. *percibe un acontecimiento...*	Investigación y teoría de la percepción
3. *y reacciona...*	Medida de la efectividad.
4. *en una situación...*	Estudio del contexto físico y social.
5. *a través de algunos medios...*	Investigación de los canales, medios, controles de los medios.
6. *para proporcionar ciertos materiales...*	Administración; distribución; libertad de acceso a esos materiales.
7. *con una forma...*	Estructura, organización, estilo, pauta.
8. *y en un contexto...*	Estudio del contexto comunicativo, secuencia.
9. *expresando un contenido...*	Análisis de contenido; estudio del significado.
10. *con algunas consecuencias".*	Estudio de los cambios globales.

Tabla 1. Áreas de estudio de la según los elementos del modelo

Gerbner hace algunas consideraciones previas, que sitúan también esta segunda parte en el contexto en el que está escrito todo el artículo. Afirma: "El estudio de la comunicación es potencialmente una disciplina seminal y organizadora. Esta es la razón por la que no puede definirse y organizarse solamente de acuerdo con su 'propio camino', de un modo estrecho y técnico. Porque su 'propio camino' es una populosa encrucijada de muchas disciplinas de las ciencias, el arte, la educación, la ingeniería, y de una buena parte de las definiciones conceptuales de orden social y filosófico"[25].

Efectivamente, en el momento en el que se escribía el artículo, como ha sido reiteradamente señalado[26], nuestro campo estaba realmente en los comienzos de su definición disciplinaria (el propio texto de Gerbner es una muestra de ello). No podía prescindirse —como no se puede ahora— de los trabajos relacionados con la comunicación que se realizaban desde diversos campos del saber. En primer lugar, por la naturaleza propia del objeto de estudio que, de una u otra manera afecta, tiene que ver, con la práctica totalidad de aspectos de la vida; y en segundo lugar porque eran de gran valor las aportaciones que la ciencia emergente de la comunicación recibía desde disciplinas más asentadas que la nuestra, aunque su interés por nuestro objeto de estudio fuese más o menos circunstancial o colateral.

La búsqueda del "propio camino", como lo denomina Gerbner, no puede centrarse en lo técnico, sino teniendo en cuenta que la "populosa encrucijada de muchas disciplinas" así como las "definiciones conceptuales de

25. G. Gerbner, "Toward...", cit., pp. 183-184.
26. Cfr., por ejemplo, J. D. Peters, "Institutional Sources of Intellectual Poverty in Communication Research", cit., pp. 527-559 o M. Martín Algarra, *Teoría de la comunicación: una propuesta*, cit., pp. 15-36.

orden conceptual y filosófico" forman parte de él. Pero, por otra parte, la comunicación como ciencia no consiste sólo en "cuestiones técnicas, como las indicaciones de dirección y los semáforos"[27] que organicen el tráfico de otras disciplinas sobre la comunicación, sino que incluye sus propios caminos y sus orientaciones básicas.

Gerbner afirma también que el debate sobre las cuestiones de fondo que implican las propuestas de sistematización de un saber no deben evitarse, sino afrontarse con el ánimo positivo de arrojar luz sobre lo que aún no está claro: "Cualquier enfoque sistemático para el estudio de la comunicación probablemente no solo estructurará la investigación y la práctica en categorías manejables, sino que también tendrá implicaciones de gran alcance, a menudo tan amplias y controvertidas como cualquier conjunto de supuestos científicos básicos. Estas implicaciones y suposiciones no deben evitarse en la discusión de ningún modelo, ya que explican el enfoque en el que se basa el modelo y el punto de vista desde el cual intenta arrojar luz sobre su objeto de estudio"[28].

c) La desconocida conclusión de la propuesta de Gerbner

Las dos primeras partes del artículo que estamos considerando, a pesar de ser relativamente conocidas, continúan siendo sugerentes incluso con el paso de más de medio siglo, por eso estamos ante un clásico de los estudios de comunicación. Sin embargo, a lo largo

27. G. Gerbner, "Toward...", cit., p. 184.
28. G. Gerbner, "Toward...", cit., p. 184.

de las partes ya analizadas, Gerbner destaca la importancia de no quedarse en lo meramente técnico, en el simple proceso o "mecánica" de la comunicación. La teoría de la comunicación debe determinar también cuáles son los valores que orientan el progreso de la ciencia a partir de los hallazgos de la investigación[29]. Y a ese cometido —"el desarrollo de algunas nociones sociales normativas y direcciones de la teoría de la comunicación"[30]— dedica la el último epígrafe del artículo.

En este punto aparecen las reflexiones que han pasado ocultas. No son incoherentes con el resto de la obra del autor: basta repasar sus publicaciones para darse cuenta que su estudio de los medios ha estado siempre referido a la valoración del papel de estos en su entorno. Así, se ha ocupado del tratamiento que los medios hacen de las minorías, de la infancia, de la mujer, de la familia, de los ancianos, de la salud en general y de la salud mental en particular, de la educación y especialmente de la violencia[31]. Por medio del análisis de contenido —especialmente en televisión— el estudio de estos temas ha dado origen a otra gran aportación de George Gerbner y sus colaboradores a los estudios de comunicación: la teoría del cultivo[32].

---

29. Cfr. G. Gerbner, "Toward...", cit., p. 171.
30. G. Gerbner, "Toward...", cit., p. 171.
31. Puede encontrarse una relación de sus publicaciones en *George Gerbner Archive*, <https://web.asc.upenn.edu/gerbner/archive.aspx?sectionID=39> (22/08/24).
32. Cfr. G. Gerbner, "Cultural indicators: The case of violence in television drama". *Annals of American Academy of Political and Social Science*,1970, 338, pp. 69-81; G. Gerbner, "Advancing the Path of Righteousness (Maybe)", en N. Signorelli y M. Morgan, *Cultivation Analysis: New Directions*

Podría pensarse que Gerbner, como suele ocurrir en los primeros pasos de la trayectoria investigadora, buscaba establecer unos fundamentos sólidos sobre los que construir la nueva ciencia de la comunicación sin temor a que el edificio se viniera abajo. Una vez encontrado ese cimiento quedó oculto por su trabajo posterior que, no obstante, está apoyado sobre ese hallazgo inicial. El hecho es que la obra de Gerbner —con ese resultado que es la teoría del cultivo— revela haber resuelto un dilema que se plantea en su primera obra: "La teoría de la comunicación puede encontrar una orientación científica basada en los valores o seguir siendo la elaboración de técnicas de manipulación"[33]. Buena prueba de que lo ha resuelto es que el epígrafe con que concluye el artículo se titula "Orientación hacia los valores: Algunas nociones normativas mostradas en el modelo"[34].

La relevancia del dilema cobra especial sentido si se tiene en cuenta cuál era el andamiaje conceptual con el que contaba en ese momento la investigación en comunicación. Los grandes modelos teóricos de la comunicación que hasta ese momento se habían desarrollado básicamente concebían el fenómeno o como un proceso de influencia sobre las personas —por ejemplo, la propaganda— (modelo de Lasswell)[35], o como un mero proceso mecánico o cibernético, —por ejemplo, el

in Media Effects, Sage, Newbury Park, 1990, pp. 249-262; y G. Gerbner, L. Gross, M. Morgan y N. Signorelli, "Living with Television: The Dynamics of the Cultivation Process", en J. Bryant y D. Zillmann (eds.), *Perspectives on Media Effects*, Lawrence Erlbaum Associates, Hillsdale, 1986, pp. 17-40.
33. G. Gerbner, "Toward...", cit., p. 195.
34. G. Gerbner, "Toward...", cit., p. 195. La tercera parte ocupa las pp. 195-198.
35. Cfr. H. Lasswell, "The Structure and Function of Communication in Society", cit., pp. 37-51.

teléfono— (teoría matemática)[36]. Es precisamente esta última parte del artículo la que se dedica a la solución de este dilema.

No deja de ser curioso que sea el final del artículo, su conclusión, aquello a lo que conduce todo el estudio sobre un modelo general de la comunicación, lo que ha permanecido poco conocido. Tiene una posible explicación: como ya hemos mencionado, los cimientos no se ven. Pero se sabe que hay cimientos. Y, sin embargo, en este caso, la pregunta "¿cómo se sostiene esto?" no parece haberse planteado entre los investigadores que han estudiado y explicado el modelo de Gerbner. Podría decirse que esto mismo es una muestra de que el dilema planteado se ha resuelto optando por un concepto de comunicación más cercano a las técnicas de manipulación (al cumplimiento de un proceso cuasi mecánico) que a una orientación científica basada en los valores y quedándonos sólo con el diagrama que dibuja el modelo, pero sin adentrarse en las demás consideraciones que hace Gerbner en el artículo.

Gerbner, en el comienzo de la parte del artículo que estamos considerando, se plantea las dos posibilidades. Una vez expuesto con precisión en qué consiste el proceso de la comunicación, qué elementos están implicados en él y qué realidades hay que estudiar, Gerbner da el último paso: resuelve que, puesto que la comunicación es algo más que una mera técnica, hay que establecer cuáles son los criterios normativos —esto es, los valores— a partir de los cuales se podrán

---

36. Cfr. C. Shannon y W. Weaver, *The Mathematical Theory of Communication*, cit.

ofrecer unos principios del fenómeno que vayan más allá del mero funcionamiento del proceso de comunicación. Según Gerbner, la teoría de la comunicación puede "formular tales criterios y estándares de valor en función de los cambios en el conocimiento"[37]. Es decir, el conocimiento es la clave, y las ideas de Gerbner sobre "la comunicación nos llevan a un concepto de conocimiento fundado en los valores"[38]. El sentido del "éxito" o del "fracaso" en la comunicación no nos viene dado por el cumplimiento del proceso mecánico, sino por el éxito en el proceso de difusión del conocimiento, de superación de la brecha que nos separa del mundo en que vivimos y de los otros con quienes vivimos. Se supera así la frialdad tanto de aquel funcionalismo de Lasswell, que entiende la comunicación como una técnica al servicio de la ingeniería social, como la del funcionalismo de la teoría matemática que entiende la comunicación como un proceso al servicio de la ingeniería mecánica o cibernética.

2 EL CONOCIMIENTO COMO PRINCIPIO AXIOLÓGICO: LA COMUNICACIÓN BASADA EN VALORES

La propuesta de comunicación basada en los valores ofrece una visión más genuinamente humana, contiene un fundamento de carácter antropológico que habla del hombre que busca el bienestar, de la sociedad como su ámbito propio, de la cooperación como modo de alcanzar ese bienestar, de la información como materia y la comunicación como forma de la cooperación[39].

---

37. G. Gerbner, "Toward...", cit., p. 195.
38. G. Gerbner, "Toward...", cit., p. 195.
39. Cfr. G. Gerbner, "Toward...", cit., p. 195.

El razonamiento de Gerbner comienza con una afirmación categórica —axiomática— de carácter antropológico: "Desarrollar una vida plenamente humana es el objetivo primordial del ser humano. Realizar una vida humana es su actividad principal. Ambas cosas son posibles solamente en sociedad"[40]. El punto de partida es, por tanto, una noción de ser humano que incluye un motivo —vivir "una vida plenamente humana"—, una finalidad que define la actividad del ser humano y un entorno —la sociedad— que es imprescindible para realizar el motivo y para alcanzar el fin[41].

El "alguien" que el modelo de Gerbner considera protagonista de la comunicación no es un ser indeterminado: es un ser con una naturaleza —humana— y con una misión —la realización de esa humanidad—; además es un ser-con-otros: vive con otros, precisa de los otros y los otros precisan de él. La comunicación no es por tanto algo individual: es algo de individuos que viven, que son, con otros individuos.

a) El conocimiento público como valor de referencia

Alcanzar el bienestar, la vida plenamente humana, requiere "la producción de bienes y servicios mediante los cuales vivimos y hacemos que vivan los demás"[42], y esas necesidades se cubren precisamente por medio de

---

40. G. Gerbner, "Toward...", cit., p. 195.
41. La distinción entre motivos y fines puede parecer demasiado sutil, pero no lo es tanto. Los motivos hacen referencia a lo que desde el pasado y el presente impulsa a la acción (lo que la causa). Los fines hacen referencia a lo que se pretende alcanzar con la acción (un objeto, un estado de cosas, etc.) y eso está en el futuro y fuera de quien actúa. Puede encontrarse una discusión más detallada del tema en M. Martín Algarra, *La comunicación en la vida cotidiana. La fenomenología de Alfred Schutz*, Eunsa, Pamplona, 1993.
42. G. Gerbner, "Toward...", cit., p. 195.

la cooperación que se da en la vida social: "La sociedad es una pauta de relaciones de producción y de servicios que crea las condiciones de la vida y el bienestar humanos. La producción social implica el manejo en cooperación de materiales sobre la base de la información; los servicios implican el manejo de la misma información"[43]. El conocimiento, la información, es un bien necesario para la vida social que permitirá el bienestar que *todo* hombre tiene que alcanzar por exigencia de su propia condición humana. La sociedad como ámbito de cooperación para alcanzar los servicios que permiten vivir una vida plenamente humana debe garantizar "el manejo de la misma información".

Este sentido de la "sociedad de la información" que Gerbner plantea mucho antes de que la expresión estuviese generalizada, ofrece unos valores singularmente interesantes para nuestros días, en los que el conocimiento y la información son mercancías al alcance de unos y no de otros; en los que el conocimiento es fuente de diferencias y no de igualdad.

Según Gerbner, "la sociedad es, por tanto, vivir y trabajar en cooperación por medio de la comunicación. Existe para la finalidad del desarrollo humano máximo"[44]. La comunicación es un elemento clave en la vida social porque permite el desarrollo del objetivo principal del ser humano. Ese desarrollo, como ya hemos visto, es posible si el conocimiento se comparte, si se hace público para que permita el desarrollo de todos. Y "el conocimiento público se adquiere a través

43. G. Gerbner, "Toward...", cit., p. 195.
44. G. Gerbner, "Toward...", cit., p. 195.

de la comunicación pública, y describe el estado de un sistema de comunicación pública"[45]. Por tanto, el valor que da razón de la comunicación, lo que lleva a determinar los principios de su buen o mal funcionamiento es precisamente el conocimiento que permite alcanzar. Por eso, afirma Gerbner, "la comunicación pública ideal desde el punto de vista del bienestar humano produce el máximo incremento por medio del conocimiento público válido"[46]. La comunicación óptima es la que ofrece un mayor incremento del conocimiento público (es decir, comprensible para todos) y válido (esto es, adecuado a la realidad y operativo, útil). Y continúa mostrando su tesis haciendo ya referencia a su modelo gráfico de comunicación: "El conocimiento es una cualidad comunicativa de las relaciones sociales del ser humano con su mundo de acontecimientos —la dimensión horizontal del modelo— y una consecuencia de sus acciones y productos comunicativos —tal como se representa en el eje vertical—. Lo que hemos de hacer ahora es especificar algunas características normativas del conocimiento en función de la comunicación ideal"[47].

Gerbner muestra los valores que rigen la comunicación introduciendo algunas modificaciones en el modelo gráfico elaborado para explicar la comunicación. Así, afirma Gerbner que su modelo "sugiere algunos aspectos normativos del conocimiento, y forma un triángulo que define un concepto de conocimiento,

45. G. Gerbner, "Toward...", cit., p. 195.
46. G. Gerbner, "Toward...", cit., p. 195.
47. G. Gerbner, "Toward...", cit., p. 195.

orientado por los valores, en función de la comunicación"[48].

En ese triángulo el eje horizontal representa, como en el modelo general de la comunicación, la dimensión perceptual, es decir, la que relaciona al individuo con el mundo de los acontecimientos. En esta dimensión perceptual, según Gerbner, la situación ideal quedará expresada con la siguiente proposición: "*Las percepciones válidas seleccionadas libremente de un contexto representativo de todas las evidencias pertinentes*"[49]. Es la libertad, como refleja la figura 2, el axioma de esta dimensión perceptual de la comunicación.

Figura 2. Conocimiento como resultado de la comunicación ideal

48. G. Gerbner, "Toward...", cit., p. 196.
49. G. Gerbner, "Toward...", cit., p. 196. Cursiva en el original.

Como se recordará, el eje vertical refleja la reacción de M tras la percepción del acontecimiento. Esa reacción implica la existencia de "(a) los agentes materiales (canales y medios) que facilitan la transmisión de señales; (b) las elecciones y combinaciones en el uso de los medios; y (c) las posibilidades de ingeniería, administrativas e institucionales que controlan las señales y su distribución"[50]. Este eje se centra en la distribución y el control de la comunicación que los medios deben ejercer.

Al hablar de control Gerbner se refiere a las políticas precisas para que se pueda dar una verdadera libertad en los procesos de selección reflejados por eje horizontal. En este sentido afirma Gerbner que "los controles son un rasgo de la dimensión vertical, y la libertad de la dimensión horizontal. Las dos están interrelacionadas; no hay libertad de selección a menos que haya control sobre los medios que aseguren una distribución y una disponibilidad equitativas"[51]. Y continúa señalando que esos controles son precisos "tanto para la transmisión adecuada de las señales como para su distribución equitativa"[52]. Esto garantiza la existencia de "la esfera de la disponibilidad y percepción públicas, las condiciones adecuadas para la comunicación del pensamiento, la palabra, y la toma de decisiones libres"[53]. Por eso, en el eje vertical de la aplicación conceptual del modelo gráfico que ilustra la definición del conocimiento como resultado de la comunicación pú-

50. G. Gerbner, "Toward...", cit., p. 187.
51. G. Gerbner, "Toward...", cit., p. 188.
52. G. Gerbner, "Toward...", cit., p. 188.
53. G. Gerbner, "Toward...", cit., p. 188.

blica ideal, junto a los medios, se incluyen las creencias, es decir, la expresión de lo percibido según el propio punto de vista.

Por último, la hipotenusa del triángulo representa la verdad, que es la cualidad ideal que relaciona las proposiciones y los acontecimientos. Para ambas —acontecimientos y proposiciones sobre ellos— la situación ideal es que "*las creencias verdaderas reflejen puntos de vista válidos y los presenten a través de medios y formas efectivas*"[54].

Lo que da sentido a la libertad, al control y a la verdad como elementos que principales de la comunicación en la sociedad es el bienestar humano. Por eso, las afirmaciones subrayadas más arriba y referidas a la comunicación ideal las resume Gerbner afirmando que el concepto normativo ideal del conocimiento en la comunicación consiste en "creencias verdaderas que reflejan puntos de vista válidos y presentados a través de medios y formas efectivas"[55].

b) *Sociedades libres y conocimiento público: gobierno, ciencia, arte*

En las sociedades democráticas todos los ciudadanos se benefician y al mismo tiempo son responsables del crecimiento del conocimiento público en los términos expresados. A su vez, cada avance del conocimiento público lleva consigo un incremento en la demanda de una mayor libertad para adquirir conocimientos, una mayor eficacia en su presentación y un conjunto de

---

54. G. Gerbner, "Toward...", cit., p. 196. Cursiva en el original.
55. G. Gerbner, "Toward...", cit., p. 197. Cursiva en el original.

creencias más verdaderas: éstas han sido históricamente las funciones del gobierno democrático, del arte y de la ciencia respectivamente[56].

El gobierno democrático es responsable de garantizar la libertad de selección y la disponibilidad equitativa de diversos puntos de vista sobre cuestiones de interés público. Sólo así se garantiza la verdadera participación de los ciudadanos en el gobierno. De otro modo estarían siendo manipulados.

Lo que Gerbner denomina arte en general, desde el punto de vista de la comunicación podría denominarse creatividad. En este sentido, como señala Gerbner, "el arte sirve también a las necesidades humanas reales. Es el esfuerzo creador para expresar, con los medios más conmovedores y poderosos, proposiciones verdaderas y significativas percibidas desde un punto de vista válido. La 'belleza', la 'cualidad emocional' del arte (¡que tampoco es ajena a la ciencia!), se apoya en la emoción del *descubrimiento,* al percibir una proposición convincente, verdadera, significativa y válida"[57].

La ciencia, por su parte, es "es el examen sistemático de la calidad de verdad de proposiciones y creencias a la luz de la razón y de la evidencia adquirida con libertad e independencia"[58]. El servicio que presta al bienestar humano consiste en la formulación de proposiciones y modos de conocer el mundo cada vez más válidos, más cercanos a la verdad.

56. Cfr. G. Gerbner, "Toward...", cit., p. 197.
57. G. Gerbner, "Toward...", cit., p. 197.
58. G. Gerbner, "Toward...", cit., p. 197.

Se concluye de aquí que "el gobierno, la ciencia y el arte se complementan entre sí en la comunicación, en la medida en que funcionan para hacer el conocimiento más libre, las creencias más verdaderas y la verdad más creíble"[59].

¿Es la propuesta de una axiología de la comunicación algo utópico? ¿Tiene sentido la búsqueda de valores, de criterios, desde los que examinar la mejora del conocimiento del mundo y con ello, desde los que evaluar la calidad de la comunicación? Gerbner es contundente en su respuesta: de ser negativa, la comunicación como disciplina científica seguirá "desgarrada por puntos de vista particulares detrás de técnicas de investigación específicas. Pero la orientación científica basada en los valores no se basa en la eficiencia tecnológica al servicio de objetivos no examinados a fondo; se apoya en el interés por todas las necesidades humanas y por las consecuencias que hay tras todos los intentos de organizar un campo y diseñar el mapa de un enfoque para estudios posteriores"[60].

Pero se puede ir aún más allá. El modelo axiológico de la comunicación que propone Gerbner en la última parte de su artículo muestra su validez en la misma vida: en el sentido amplio con que es tratado, el conocimiento *es* el criterio, el valor, la norma con que se comunican los seres humanos. La no-comunicación es, precisamente la ausencia de incremento en el conocimiento. Por eso, elementos como el libre acceso a la realidad, a los datos, a los acontecimientos; la libertad

59. G. Gerbner, "Toward...", cit., p. 197.
60. G. Gerbner, "Toward...", cit., p. 198.

—y la capacidad— de expresión de las propias percepciones y creencias; y la verificabilidad de esos juicios, forman parte del mundo cotidiano. El manejo de esos valores es un *hecho* en la comunicación, y aun ignorando el modelo, se acaba funcionando así.

Eso es lo que vamos a mostrar con el estudio de un caso de lo que Gerbner denomina comunicación pública. Vamos a ver cómo el juego entre la libertad para percibir y formarse las propias creencias garantizada por los gobiernos democráticos, la formulación de esas creencias a través de los medios de un modo atractivo y creíble y las afirmaciones realizadas desde la investigación científica interactúan generando una dinámica de incremento del conocimiento público e impeliendo a las instituciones —gobierno, medios, ciencia— a generar a través de la comunicación pública todavía más conocimiento, de mejor calidad en su presentación (y por tanto en su comprensibilidad) y más cierto.

II

El tabaco: de la legitimidad a la proscripción

Gerbner, al describir las relaciones que se establecen entre libre percepción, arte o libre expresión y ciencia, se refiere al "*descubrimiento*"[61] como una de las emociones conducentes a que la expresión de un juicio refleje la percepción, la experiencia vivida, de manera "convincente, verdadera, significativa y válida"[62].

Ciertamente cualquier conocimiento nuevo lleva a emociones que, podría decirse, exigen su difusión, su expresión, como refleja el modelo de Gerbner. Sin embargo, hay descubrimientos cotidianos, que duran apenas un instante, y descubrimientos que mantienen esa emoción de novedad, y por ello, ese tema de conversación, durante mucho tiempo: días, meses, años... siglos. Entre estos últimos está el Descubrimiento de América. El Descubrimiento con mayúsculas es en la cultura española el acontecimiento más importante de la historia del país. Sus repercusiones en muchísimos ámbitos siguen siendo hoy en día evidentes y actuales y llegan mucho más allá de la península ibérica. A la relevancia que el Descubrimiento mantiene al cabo de los siglos, hay que sumar —entre otras cosas— las

---

61. G. Gerbner, "Toward...", cit., p. 197. Cursiva en el original.
62. G. Gerbner, "Toward...", cit., p. 197.

innumerables novedades que en su día trajeron los primeros exploradores del Nuevo Continente. Muchos de esos "pequeños descubrimientos" del Descubrimiento dejaron de producir ese efecto al cabo de algún tiempo. Fueron aceptados o no, y asumidos o no, pero son asunto cerrado. La patata —como otros productos alimenticios originarios de América— fue conocida, importada, cultivada e incorporada a la vida gastronómica cotidiana del Viejo Continente hasta el punto de convertirse en uno de los elementos fundamentales de nuestra dieta. Su falta de relevancia en la atención pública —en la opinión pública si se quiere— es tal, que resulta difícil pensar cómo eran las comidas en Europa antes de la llegada de la patata, o carece de sentido preguntarse de dónde es la patata, porque la patata siempre es de "aquí", sea "aquí" Xinzo de Limia o los alrededores de Varsovia.

En el caso del tabaco —también un producto genuinamente americano— tendríamos que hablar igualmente de un "pequeño descubrimiento": es un vegetal, como la patata, y como ella vino pronto al Viejo Continente. Pero, a diferencia del tubérculo, la planta de exuberantes hojas verdes, conforme se fue incorporando al ordinario régimen de vida de Europa, retuvo la atención pública fijada sobre ella. Primero por la novedad, pero luego por lo extravagante de su uso, por sus efectos sobre la salud, por su protagonismo publicitario, por las controversias científicas y ciudadanas, etc., el tabaco sigue siendo a día de hoy un tema que ocupa la agenda pública, un tema de debate y controversia, un tema de la comunicación.

Resulta ser el de la comunicación sobre el tabaco un

caso que encaja especialmente bien en nuestro propósito de ilustrar la propuesta de Gerbner: a saber, que el incremento del conocimiento forma parte de la axiología de la comunicación, esto es, es uno de los principios básicos desde los que se puede definir lo que es la comunicación y, por tanto, con el que se puede valorar la eficacia de la acción comunicativa.

3 EL "DESCUBRIMIENTO" DEL TABACO

Hace más de quinientos años la expedición de tres naves comandadas por Cristóbal Colón avistaron lo que pensaban era Cipango (China) y sólo años después sabrían que se trataba de un nuevo continente que denominaron Indias Occidentales y más tarde América[63].

Fue Rodrigo de Triana (Juan Rodríguez Bermejo) quien avistó por vez primera la costa en la madrugada del 11 al 12 de octubre de 1492, tras largas semanas de navegación. En una de las primeras descubiertas a la tierra recién avistada estuvieron en un poblado en el que hombres y mujeres llevaban consigo un tubo marrón que ardía por un extremo mientras que el otro era colocado en la boca, donde sorbían y después echaban humo por la boca y la nariz.

El mismo Colón hace referencia al tabaco en el relato del 15 de octubre de su *Diario de a bordo*[64], día en que

---

63. Cfr. R. Ezquerra Abadía, "Los descubrimientos colombinos (primeros viajes)", en *Historia general de España y América, VII*, Rialp, Madrid, 1991, pp. 80-119.
64. El *Diario* de Colón nos ha llegado a través de Fray Bartolomé de las Casas (1474-1566). El dominico transcribió y anotó el texto junto con otros documentos del propio Colón y se sirvió de ellos para escribir su *Historia de las Indias*. De las Casas compendió la relación del viaje, dejando íntegro

halló un hombre solo que iba en una canoa de la isla de Santa María a la Fernandina portando con él algo de pan, agua y poco más: "unas hojas secas que deben ser cosa muy apreciada entre ellos, porque ya me trajeron en San Salvador de ellas en presente"[65].

Pronto probaron los descubridores esa actividad que tanto parecía deleitar a los indios, como describe Fray Bartolomé de las Casas: "Siempre los hombres con un tizón en las manos y ciertas hierbas para tomar sus sahumerios, que son unas hierbas metidas en cierta hoja seca también a manera de mosquete (...) y encendido por una parte de él por la otra chupan o sorben o reciben con el resuello para adentro aquel humo; con el cual se adormecen las carnes y casi emborracha, y así dicen que no sienten el cansancio. Estos mosquetes, o como les llamáramos, llaman ellos tabaco"[66].

A su regreso a España, un marinero de la expedición del Descubrimiento llamado Rodrigo de Jerez, que fue el primer europeo que fumó tabaco, llevó consigo varios de esos "tizones"[67]. En su primera demostración, al echar humo por la boca y la nariz, causó primero sorpresa y después sospecha por parte de sus conocidos y familiares. Dicen hoy los defensores del tabaco que el primer fumador del Viejo Continente fue también la primera víctima de la intransigencia contra

el prólogo o carta de Cristóbal Colón dirigida a los Reyes Católicos. Esto es lo que se conoce como *Diario de a bordo*. Véase C. Colón, *Diario de a bordo*, introducción, apéndice y notas de V. Muñoz Puelles, Ediciones Generales Anaya, Madrid, 1985, p. 35, nota 1.
65. C. Colón, *Diario de a bordo*, cit., p. 72. San Salvador es el nombre que Colón dio a la primera isla que avistó la expedición.
66. Citado en C. Colón, *Diario de a bordo*, introducción, cit., p. 98, nota 100.
67. C. Colón, *Relaciones y cartas*, Librería de la viuda de Hernando y Compañía, Madrid, 1892, p. 53.

el tabaco[68].

La introducción del tabaco en España y Portugal fue rápida. En 1531 los españoles comenzaron a cultivar el tabaco en la isla de Santo Domingo[69]. En los años siguientes el tabaco se fue extendiendo por toda Europa, de manera que en el siglo XVII ya era habitual en la cuenca del Mediterráneo, en Inglaterra, Holanda, etc., y comienza su expansión por extremo oriente (China, Japón, etc.).

Esta primera introducción de la hierba llamada tabaco por los indios de las Antillas no fue, sin embargo, completamente pacífica. Ya en los primeros años del siglo XVI, el dominico Fray Bartolomé de las Casas destaca al carácter adictivo de los "tizones" de tabaco cuando afirma: "Españoles en esta isla Española que los acostumbraron a tomar, que siendo reprendidos por ello diciéndoseles que era vicio, respondían que no era de su dejarlos de tomar. No sé qué sabor o provecho hallaban en ello"[70].

Otra prueba de esta controversia —ciertamente aún limitada— y de la extensión del tabaco, es que la Iglesia Católica de México prohibió en 1575 fumar en

---

68. Cfr. J. M. de Jaime Lorén y P. de Jaime Ruiz, "Ácido nicótinico, ácido oxinicótico, nicotina, nicoletlina, nicotiana, nicotina, nicotinamida, nicotinell, nicotinismo, nicotirina, nicotol, oxinicotina", 2011, en *Epónimos científicos*, <https://blog.uchceu.es/eponimos-cientificos/acido-nicotinico-acido-oxinicotinico-nicoteina-nicotelina-nicotiana-nicotianina-nicotina-nicotina mida-nicotinell-nicotinismo-nicotirina-nicotol-oxinicotina> (22/08/24).
69. Cfr. G. Borio, "The History of Tobacco", en *Tobacco Collectibles*, <https://tobaccocollectibles.co.uk/the-history-of-tobacco> (22/08/24). Es una cronología muy completa del tabaco desde diversas perspectivas: la puramente histórica, la del cultivo, la industria, la científica, la judicial, la de la salud, la publicitaria, etc.
70. Citado en C. Colón, *Diario de a bordo*, introducción, cit., p. 98, nota 100.

cualquier lugar de culto de las colonias españolas, prohibición que hizo suya la Iglesia Universal en 1600[71].

Además, como ocurrió en Sevilla con la primera demostración de Rodrigo de Jerez, no en todas partes fue aceptado el uso del tabaco: según parece, en 1632 se prohibió fumar en público en la puritana Massachusetts y en Japón se prohibió hacerlo en absoluto en 1620[72]. Más expeditivos, en 1638 se comenzó a castigar el uso y distribución del tabaco en China con la pena de decapitación[73]. En nuestros días, los dos países orientales son grandes mercados mundiales para las compañías tabacaleras.

Pero en realidad todavía no se había identificado el tabaco como una sustancia nociva[74], sino más bien como todo lo contrario. Así como los indios, que fueron los primeros fumadores, daban al tabaco un uso ceremonial, religioso y terapéutico, los primeros europeos adoptaron el tabaco en virtud de su exotismo, del placer que producía y, pronto, de los supuestos efectos benéficos y saludables que producía. Un punto relevante en esta historia lo señala Jean Nicot, embajador

71. Cfr. G. Borio, "The History of Tobacco", cit.
72. Cfr. "History of Tobacco in Japan", en *Japan Experience*, <https://www.japan-experience.com/all-about-japan/tokushima/museums-galleries/awa-ikeda-tobacco-museum> (22/08/24).
73. Cfr. L. Carrington Goodrich, "Early Prohibitions of Tobacco in China and Manchuria", en *Journal of the American Oriental Society*, vol. 58, núm. 4, 1938, pp. 648-657.
74. Como suele ocurrir, los chinos siempre fueron los primeros con muchos siglos de distancia. En el siglo XVII el pensador chino Fang I Chih afirmó que fumar produce quemaduras en los pulmones. Es una afirmación realmente premonitoria, aunque no sabemos hasta qué punto fundada. Cfr. L. Carrington Goodrich, "Early Prohibitions of Tobacco in China and Manchuria", cit., p. 653.

del Rey de Francia en Lisboa, que en 1560 recibe semillas de tabaco y comienza a cultivarlas y describir sus propiedades medicinales. Nicot, a cuyo nombre se debe el término nicotina, envió en 1566 polvo de tabaco a la Reina de Francia, Catalina de Médicis, con la recomendación de que lo aspirara con el fin de combatir las fuertes migrañas que padecía. Ante el resultado tan positivo, la Reina determinó que en Francia el tabaco fuera denominado *herba regina*.

Nicot fue el primer gran descubridor de las propiedades curativas que se atribuyen al tabaco en el siglo XVI. Pero el primero que publicó sobre el tema fue el sevillano Nicolás de Monardes. En su obra *Historia Medicinal de las cosas que se traen de nuestras Indias Occidentales*, publicada en 1574 y poco después traducida al inglés, afirma entre otras cosas que enfermedades como el asma, el dolor de muelas, las lombrices, el tétano, la pérdida de las uñas de los dedos o el cáncer... se curan con el tabaco[75].

La curación de Catalina de Médicis con la aspiración del tabaco hizo que se generalizara el consumo de tabaco en polvo y rapé para aspirar en las Cortes europeas, entre la aristocracia y en la alta sociedad. Esto implicó la aparición de un atributo de clase a ese tipo de consumo de tabaco: aspirar rapé pasó a ser uno de los símbolos de la aristocracia, frente a otros tipos de consumo propios del pueblo (tabaco mascado o fumado). En cualquier caso, la imbricación del tabaco en la vida y los usos sociales muestra el grado de

---

75. Cfr. N. de Monardes, *Historia medicinal de las cosas que se traen de nuestras Indias Occidentales* (3 vols.), Impresión de Antonio Escribano, Sevilla, 1574.

penetración y aceptación que esa sustancia alcanzó ya en los comienzos del siglo XVII. El tabaco comenzó a ser, ya entonces, un modo de integración social —o de exclusión social— lo que, sin duda, generaría a partir de entonces dinámicas psicosociológicas de presión para la adopción de un comportamiento ante el tabaco, del consumo de un tipo o de otro, del consumo o no, etc.

Esa aceptación social también se manifestó en el ámbito económico. El tabaco se había convertido en un sector importante de la agricultura, en una mercancía preciada para los comerciantes y en un producto de valor estable. Así, Felipe III, decide que España debe asumir el monopolio de la producción y comercio del tabaco que viene de las Indias. Sevilla se convierte en el centro mundial del comercio de tabaco y en 1614, fundada por el propio Rey Felipe, comienza a funcionar la Real Fábrica de Tabacos de Sevilla

En el norte de América, especialmente en las virginias y las carolinas, también se crean explotaciones de tabaco, que había sido llevado por vez primera a Inglaterra por el pirata Drake. Las empresas constituidas por los colonos ingleses de esos territorios comenzaron, a comercializar el tabaco con éxito.

4 SURGIMIENTO Y CONSOLIDACIÓN DE LA INDUSTRIA TABACALERA. CONTROVERSIAS PÚBLICAS.

A finales del siglo XVI el tabaco no es sólo una actividad agrícola —y su producto objeto del comercio—, sino también una actividad industrial —artesanal en esa época temprana— que va adquiriendo volumen de negocio y los rasgos propios de la industria de la época.

Es en esta época cuando aparece el cigarrillo, es decir, la picadura de tabaco envuelta en un papel para ser fumada. Su origen está en Sevilla y entre la gente más pobre. No podían permitirse fumar cigarros puros, pero con las colillas que iban recogiendo elaboraban esa nueva modalidad de producto del tabaco que a la postre sería la de mayor éxito. El cigarrillo se hizo popular entre los marineros, y se extendió pronto desde Sevilla a diversos puertos de Europa.

Si el XVII fue el siglo del tabaco aspirado —del rapé— el XVIII fue el siglo de la pipa. El tabaco picado y fumado en pipa se hizo realmente popular, tanto entre hombres como entre mujeres. Pero el tabaco aspirado continuó siendo signo de distinción. La Reina Carlota, esposa del Rey Jorge III de Inglaterra, era conocida popularmente como "Snuffy Charlotte" por su afición al rapé. Napoleón consumía siete libras de tabaco de aspirar al mes (tal vez por eso dormía tan poco) y en 1724 hasta el Papa —Benedicto XIII— era fumador.

El tabaco se había convertido en un producto tan corriente y usado que llegó a convertirse en un bien de pago: se aceptaba ya su valor real, estable y fácilmente canjeable como los metales y otros productos de primera necesidad.

La Revolución francesa hizo que decayese el consumo de rapé, vinculado a las cortes y a la aristocracia. Sin embargo, se puso de moda entre las masas el "cigarrito" o cigarro puro de menor tamaño.

A lo largo del siglo XIX, el capitalismo se afianza y,

junto a los monopolios estatales, surgen las grandes compañías tabacaleras en Inglaterra y Estados Unidos (Philip Morris, Benson & Hedges, Liggett, Myers, R. J. Reynolds, American Tobacco Company, etc.).

Algunos factores —además de los que explican el crecimiento económico en ese momento de la historia— coadyuvan específicamente al desarrollo de la industria del tabaco: por un lado, el crecimiento del consumo de los cigarrillos frente a otras manufacturas tabaqueras. Fue en la Guerra de Crimea (1852-56) donde los soldados ingleses aprendieron de sus aliados turcos que los cigarrillos eran más baratos y cómodos[76]. Por lo dicho, tuvo una gran trascendencia la invención en 1880 de la primera máquina de hacer cigarrillos por un virginiano de 18 años llamado James Bonsack. También fue relevante —aunque parezca de menor importancia— la invención de las cerillas y de las cerillas de bolsillo en el siglo XIX. Este invento que facilitó la movilidad del fumador y por tanto las ocasiones de consumo. Por último, cabe destacar la práctica de la publicidad, las relaciones públicas y de acciones de marketing como la identidad de marca[77], el *packaging*, las promociones, los descuentos, etc. Prueba de la relevancia de estos aspectos comunicativos de la industria del tabaco es que en 1863 el Congreso de los Estados Unidos aprueba por ley que los cigarros se vendan en cajas en las que Hacienda

---

76. Cfr. <https://tabacopedia.com/es/tematicas/historia-del-tabaco/#> (22/08/24).

77. Una muestra de la diversidad de marcas de tabaco en los Estados Unidos en el siglo XIX puede verse en *Emergence of Advertising in America: 1850-1920*, en <https://repository.duke.edu/dc/eaa> (22/08/24). Este sitio *web* es útil para ilustrar lo tratado en las notas que siguen.

pueda pegar el sello del Impuesto de la Guerra Civil, dando así comienzo al arte de la impresión en las cajas de tabaco. Pero el gran desarrollo de esta faceta de la industria tabacalera tuvo lugar con la aparición de la tipografía en color, en los últimos años de la década de los setenta del siglo XIX: fue entonces cuando comenzaron a aparecer los paquetes llenos de colorido y de imágenes atractivas que incrementaron notablemente las ventas[78]. Asimismo, Lorillard Brothers fue una de las primeras compañías tabacaleras de los Estados Unidos. A esa empresa se atribuye el primer anuncio de tabaco —rapé— en aquel país. En 1860 Lorillard celebró el centenario de la compañía introduciendo billetes de 100 dólares al azar en paquetes de tabaco "Century"[79]. Y desde 1875 algunas marcas de tabaco distribuían colecciones de estampas de las banderas del mundo, grandes batallas, personajes famosos (boxeadores, actrices, etc.) [80].

a) Los primeros pasos de la investigación médica sobre los efectos nocivos del tabaco para la salud

Junto con la progresiva popularización del tabaco —especialmente del tabaco fumado— en el siglo de las luces, la ciencia comenzó a advertir sobre los posibles —o probados— riegos del tabaco. Así, en Inglaterra en 1761, el doctor Percival Pott señaló la mayor incidencia

---

78. Cfr. W. C. Hatcher, "Caddy Labels and Tin Tags: A Colorful History of the Marketing of American Tobacco" en *North Carolina Farm Bureau News*, 9, 1998, y G. Borio, "The History of Tobacco", cit.
79. Cfr. G. Borio, "The History of Tobacco", cit.
80. Algunas de ellas pueden verse en *Emergence of Advertising in America: 1850-1920*, en <https://repository.duke.edu/dc/eaa> (22/08/24) y en *W. Duke, Sons & Co. Advertising Materials, 1880-1910*, en <https://repository.duke.edu/dc/wdukesons> (22/08/24).

de tumores de testículo que se daba entre los fumadores de pipa, mientras que el doctor John Hill hacía sus primeros ensayos clínicos sobre la relación entre el cáncer de nariz y el consumo de rapé. Treinta años después, Hill presentaría varios casos con evidencias sobre la relación causal entre el tumor de nariz y el consumo de rapé.

Otros médicos también advirtieron sobre el carácter nocivo del tabaco: Sammuel Thomas von Soemmering informó sobre el cáncer de labios en los fumadores de pipa, y el conocido médico y activista Benjamin Rush se refirió a los peligros del tabaco afirmando que el hábito de fumarlo o mascarlo conduce al alcoholismo.

Y ya en el siglo XIX, si el crecimiento de la industria tabacalera es grande, la ciencia, la ciudadanía y los gobiernos con el paso del tiempo también van tomando conciencia de los peligros del consumo de tabaco y van adoptando posiciones más activas frente a la comunicación comercial de la industria tabacalera.

En primer lugar, como ya hemos visto, a finales del siglo XVIII los investigadores médicos advirtieron la mayor incidencia de determinadas enfermedades —especialmente tumores— entre los consumidores de tabaco en cualquiera de sus formas habituales (mascado, aspirado o fumado). Con el desarrollo de las ciencias experimentales —química, biología, farmacología, etc.—, a lo largo del siglo XIX se insiste en esa relación entre el tabaco y la enfermedad y se prueba lo nocivo de la nicotina: en 1828, por ejemplo, los investigadores Ludwig Reinmann y Wilhelm Posselt, de la Universidad de Heidelberg (Alemania) escriben sobre la farmacología de la nicotina describiéndola como un veneno peligroso. Así mismo, a finales de siglo se publican estudios sobre los efectos neurológicos de la nicotina, así como sobre sus efectos sobre los ganglios.

Una prueba de la mayor preocupación existente en este periodo en los ambientes científicos por los efectos nocivos del consumo de tabaco es que la revista médica inglesa *The Lancet* recoge en sus páginas ya durante los años 1856 y 1857 el debate de sus lectores sobre la cuestión[81].

b) *Los primeros movimientos anti-tabaco*

Si la ciencia va abriendo poco a poco una nueva ventana a la percepción del tabaco, es lógico que en la sociedad civil hubiera algún tipo de reacción. Esta reacción era especialmente previsible en los Estados Unidos, un país en el que, como había señalado Tocqueville, cuando los ciudadanos descubren "que el interés particular viene a coincidir con el interés general y a confundirse con él, se apresuran a sacarlo a la luz; poco a poco se van multiplicando las observaciones semejantes. Lo que no era más que una observación aislada, se convierte en doctrina general"[82]. En diversos lugares de su obra Tocqueville destaca que Estados Unidos es un país en el que las reformas se

---

81. Véase. la discusión "Is somoking injurious?" iniciada a partir de un caso clínico sobre "Paralysis" en la que se hace mención a los efectos negativos del tabaco. Véanse, por ejemplo, *The Lancet*, vol. 68, núm. 1737, Dec. 13, 1856, pp. 641-643; vol. 68, núm. 1739, Dec. 27, 1856, p. 699; vol. 69, núm. 1740, Jan. 3, 1857, pp. 22-23; vol. 69, núm. 1740, Jan. 10, 1857, p. 50; etc.
82. Cfr. A. de Tocqueville, *La democracia en América*, 2, Alianza Editorial, Madrid, 1989, p. 107.

promueven desde abajo hacia arriba, es decir, desde los ciudadanos a los gobernantes y no como en Europa, donde las reformas siempre proceden de las elites que gobiernan.

La tradición del activismo ciudadano en los Estados Unidos es anterior a la Independencia. Los primeros agitadores o reformistas fueron ciudadanos que defendían sus ideas y buscaban adeptos ya en el siglo XVIII. Son paradigmáticos en este sentido personajes como el Reverendo Cotton Mather en su lucha por la vacunación contra la viruela, o Benjamín Franklin y Benjamín Rush en sus propuestas a favor de los derechos de los esclavos y de las mujeres respectivamente, que acabarían constituyendo asociaciones para mantener y extender sus respectivas luchas cívicas por todo el país.

Sin embargo, hasta el siglo XIX no cobran relevancia las grandes asociaciones que promueven reformas como la American Anti-Slavery Society, que combate la esclavitud, la Women's Christian Temperance Union, que nació para combatir los desastrosos efectos del consumo masculino de alcohol en las mujeres casadas y en sus familias y que dio origen del Movimiento Sufragista[83].

Es precisamente el movimiento contra el alcohol el primero que se organiza para luchar contra el tabaco. Apoyándose en las ideas del médico y activista Benjamin Rush, los activistas sostienen que el tabaco produce una sequedad enfermiza en la boca que sólo el

---

83. Cfr. W. Paisley, "Public Communication Campaigns: The American Experience", en R. E. Rice y C. Atkin (eds.), *Public Communication Campaigns*, Sage, Newbury Park, 1990, pp. 15-41.

licor puede apagar. El consumo de tabaco se convierte también en objeto de las protestas de la poderosa WCTU[84], que organizan una sección dedicada a los narcóticos, entre los que incluyen el tabaco.

Pocos años después, en 1899, Lucy Payne Gaston funda la Liga Anti-Cigarrillos de Chicago, que creció rápidamente hasta convertirse en 1911 en la Liga Anti-Cigarrillos de América y en 1919 en la Liga Mundial Anti-Cigarrillos[85].

La lucha anti-tabaco, que surge de una nueva percepción de esta hierba y de sus consecuencias ofrecida por la ciencia, influye en las disposiciones de los gobiernos. En el siglo XIX se aprueban las primeras restricciones legales al consumo de tabaco en Inglaterra y en Estados Unidos[86].

En el Reino Unido el Parlamento aprueba en 1868 la Ley de Ferrocarriles, en la se ordena que haya vagones para no fumadores, de manera que éstos no sufran las molestias de los que fuman.

En 1890, la *US Pharmacopeia*, listado oficial del Gobierno Federal de los Estados Unidos en el que se recogen las sustancias calificadas como "drogas", incorpora el tabaco. También los estados adoptan sus medidas: a finales de siglo eran 26 los estados que prohibían la venta de cigarrillos a menores; el Estado de Washington, por su parte, prohibió la venta y consumo de cigarrillos y el Tribunal Supremo de

---

84. Cfr. R. Bordin, *Women and Temperance: The Quest for Power and Liberty, 1873-1900*, Rutgers University Press, New Brunswick, 1990.
85. Cfr. G. Borio, "The History of Tobacco", cit.
86. Cfr. G. Borio, "The History of Tobacco", cit.

Tennessee sostuvo también la prohibición total al considerar que los cigarrillos no eran artículos legítimos de comercio, pues eran completamente nocivos y su uso siempre dañino para la salud.

c) El conocimiento público del tabaco en el siglo XX

Si el siglo XIX marca definitivamente la trayectoria de la industria del tabaco y también del estudio de los efectos del tabaco y de los movimientos civiles y gubernamentales sobre la cuestión, el siglo XX ha sido un siglo de consolidación de esas tendencias, aunque también de reequilibrio entre ellas.

Por una parte, el panorama se definió con más claridad. Así, el cigarrillo acabó por imponerse como el principal producto de la industria tabacalera. Como ocurrió con los soldados ingleses en la Guerra de Crimea, los estadounidenses asumieron en la I Guerra Mundial la mayor comodidad de fumar cigarrillos, de manera que en 1921 el cigarrillo era la forma de tabaco más consumida en los Estados Unidos.

Por otra parte, el siglo XX implica la culminación del proceso de globalización del mercado. A ello contribuye la aparición de los medios de masas, especialmente la radio y la televisión, pero también los medios impresos y, en los últimos años del siglo, de internet. Los medios han posibilitado ofrecer una publicidad global, que a su vez ha permitido crear productos globales con mensajes globales para públicos globales sin impedir, por otra parte, segmentar esos públicos, perfilar esos mensajes y productos cuando haya sido conveniente o necesario.

Además, en ese proceso de confirmación de las tendencias marcadas en el siglo XIX, también se avanza, y mucho, en la investigación sobre los efectos malignos del tabaco. En 1929 el médico alemán Fritz Lickint envía un artículo que prueba la relación estadística entre consumo de tabaco y cáncer[87]. Y en 1954 los británicos Doll y Hill alcanzan la evidencia médica de la relación causal entre ambos[88]. Esos estudios se van reiterando, desarrollando, perfeccionando y siendo aplicados a ámbitos geográficos mayores.

Como reacción, los gobiernos empiezan a endurecer sus medidas de control del tabaco y las restricciones sobre su consumo en lugares públicos, su publicidad, su venta, etc. En este sentido es paradigmática la afirmación del *Surgeon General*, máxima autoridad en materia de salud de los Estados Unidos, en 1964: "fumar cigarrillos es un riesgo lo suficientemente importante para la salud en los Estados Unidos como para garantizar alguna acción que lo remedie"[89]. Sobre esa base, el Congreso aprobó en 1965 una ley federal de etiquetado y publicidad de cigarrillos por la que pasaba a ser obligatoria la inserción en la publicidad y

---

87. Cfr. Lickint F., "Tabak und Tabakrauch als ätiologischer Faktor des Carcinoms", *Zeitschrift für Krebsforschung*, 30, 1930, pp. 349-365. El artículo es recibido en la revista en octubre de 1929.
88. Cfr. R. Doll y A. B. Hill, "The Mortality of Doctors in Relation to Their Smoking Habits", *British Medical Journal*, Jun. 26; 1 (4877), 1954, pp. 1451-1455. Publicaron unos resultados preliminaries en 1950: R. Doll y A. B. Hill, "Smoking and carcinoma of the lung; preliminary report", *British Medical Journal*, Sep. 30; 2 (4682), 1950, pp. 739-748.
89. "Smoking and Health: Report of the Advisory Committee to the Surgeon General of the Public Health Service", U.S. Department of Health, Education, and Welfare, Washington, DC, 1964, p. 33. Véase también, Thomas R. Marshall, Public Opinion, *Public Policy, and Smoking. The Transformation of American Attitudes and Cigarette Use*, 1890-2016, Lexington Books, Lanham, MD, 2016.

cajetillas de tabaco de una frase que advierte al consumidor de los peligros que fumar acarrea para la salud[90]. Pronto fue adoptada esa medida en buena parte de los países del mundo occidental.

Desde el punto de vista de la comunicación pública nos encontramos, por tanto, en un momento en el que se conoce mejor qué es el químicamente tabaco y cuál es la influencia de su consumo para la salud; en un momento de una sociedad civil muy activa y con medios para expresar sus creencias en el espacio público, ya sean a favor o en contra del tabaco; en un momento de gran capacidad estratégica y creativa de la comunicación comercial, tanto en los medios de comunicación convencionales como en otros vehículos útiles para lanzar mensajes a la palestra pública; en un momento de gran capacidad investigadora de la comunidad científica y de grandes necesidades de financiación de sus trabajos; en un momento de inmenso gasto sanitario para los gobiernos debido a la incidencia de las enfermedades asociadas al consumo de tabaco y, al mismo tiempo, de inmensa capacidad impositiva a la producción y consumo del tabaco; en un momento de exigencia de derechos a los gobiernos (derecho a la salud, por ejemplo) y de exigencia de garantías (libertad de consumo de tabaco, por ejemplo).

Se observa, pues, que la percepción sobre el tabaco y su consumo se ha expresado de formas diversas a lo largo de estos cinco siglos. Los medios de comunicación, especialmente con la aparición de la publicidad

90. Federal Cigarette Labeling and Advertising Act (FCLAA) de 1965, en <https://www.govinfo.gov/content/pkg/COMPS-972/uslm/COMPS-972.xml.> (22/08/24).

en la prensa y los demás medios de masas, así como los diversos modos de promoción de productos, han aportado su creatividad para generar en el público creencias fruto de las percepciones creíbles y atractivas a los destinatarios. La ciencia, al hilo de su desarrollo y de la relevancia pública que el tabaco y sus efectos iban adquiriendo, ha introducido sus conclusiones en el acervo de conocimiento público, lo que, a su vez, ha aportado una visión algo más amplia —más compleja, si se quiere— de la realidad del tabaco.

En líneas generales se puede decir que el proceso degeneración o incremento del conocimiento público sobre la realidad —en este caso el tabaco— que propone Gerbner[91] se cumple y que su modelo basado en los valores sirve bien para explicar en términos comunicativos el incremento de la consciencia —del conocimiento— de lo que es consumir tabaco. El proceso triangular definido por la libertad —por la que vela el gobierno democrático—, las creencias —que el arte permite expresar de modo más creíble— y la verdad —apoyada en el conocimiento científico—, hace que, a excepción del acontecimiento, los vértices del triángulo varíen para adaptarse al conocimiento nuevo que va generando el proceso: la percepción (es decir, la imagen mental, el A') variará y el producto con el que se quiere expresar tendrá que adaptar su forma (E) al mejor conocimiento de la realidad. "Por consiguiente el gobierno, la ciencia y el arte se complementan entre sí en la comunicación, en la medida en que funcionan para hacer el conocimiento más libre, las creencias

91. Cfr. G. Gerbner, "Toward...", cit., pp. 198-197.

más verdaderas y la verdad más creíble"[92]. Y la comunicación incrementa y mejora el conocimiento público sobre ese pequeño descubrimiento del Descubrimiento que es el tabaco.

92. G. Gerbner, "Toward...", cit., p. 197.

III
La mejora del conocimiento como axioma de la comunicación: el caso del tabaco

Como es lógico, la comunicación de las percepciones, creencias y experiencias sobre el tabaco, sobre su uso y sobre sus efectos a lo largo de este medio milenio ha influido en la capacidad de percibir y de expresar juicios sobre esa realidad. La comunicación —dentro de las escasas posibilidades reales para una comunicación global que han existido prácticamente hasta mediados del siglo XX— ha permitido que quienes desean adoptar una postura ante el tabaco puedan hacerlo tras conocer posiciones numerosas, distintas y en algunos casos opuestas y bien fundamentadas. Es lo que Gerbner define como situación ideal de la dimensión perceptual: "El ideal de acuerdo con esta dimensión puede expresarse como *las percepciones válidas seleccionadas libremente de un contexto representativo de todas las evidencias pertinentes*"[93].

Así mismo, la comunicación ha permitido la expresión de esas opiniones generadas por la percepción cada vez más plural del tabaco. Unos, fundamentalmente el sector tabacalero, han ido haciendo uso de los medios de difusión de masas para promover el consumo de taba-

93. G. Gerbner, "Toward...", cit., p. 196. Cursiva en el original.

co bien haciéndolo simplemente atractivo, bien argumentando sobre su conveniencia[94]. Por su parte, los adversarios del tabaco, con menos medios, fueron captando la atención de la opinión pública y de las autoridades por medio de sus actividades y su presión —también a través de los medios— para que sus posturas fueran tenidas en cuenta. Unos y otros —partidarios y detractores del tabaco— no podían dejar de tener en cuenta los hallazgos y avances de la ciencia sobre los efectos del tabaco: unos para buscar nuevos argumentos y modos de exponerlos; otros para reforzar los que ya tenían. Son la dimensión vertical y diagonal del modelo, como puede verse en la figura 3.

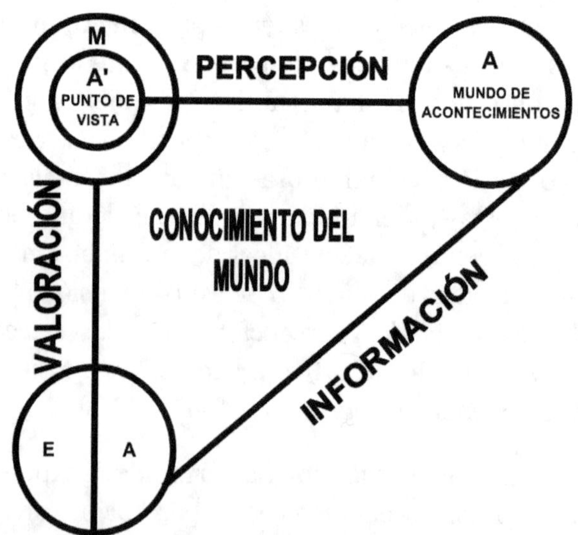

Figura 3. Incremento del conocimiento por la comunicación (adaptación del modelo de Gerbner)

94. Cfr. G. Petrone, *Tobacco Advertising: The Great Seduction*, Schiffer Publishing, Atglen, Penn., 1996. Hay ejemplos gráficos muy ilustrativos en *W. Duke, Sons & Co. Advertising Materials, 1880-1910*, en <https://repository.duke.edu/dc/wdukesons> (22/08/24).

Esta situación, que según Gerbner sería la ideal, es aquella en la que "las *creencias verdaderas que reflejan puntos de vista válidos y los presentan mediante medios o formas efectivas*"[95].

La ciencia permite que las opiniones que reflejan creencias sean formuladas con sentido de la coherencia, de la correspondencia y de la adecuación con el acontecimiento percibido. En última instancia, que esas percepciones estén guiadas por la verdad, sean cada vez más ciertas y menos dudosas.

Desde el punto de vista del conocimiento, podría decirse que la dinámica descrita por el modelo refleja que la percepción permite un conocimiento de lo evidente, sin demasiados matices. La producción de mensajes sobre lo percibido implica la valoración, es decir, la expresión de juicios sobre lo que puede ser o no ser de determinada forma, aunque la voluntad inclina a optar por una de ellas que puede ser argumentada de alguna manera. Y, por último, la ciencia permite que la valoración, que se afirma en virtud de una personal inclinación, adquiera solidez hasta convertirse en información, tanto si la valoración de la que procede era adecuada a la realidad como si no lo era. De esa manera el proceso de incremento del conocimiento se completa propiciando que las nuevas percepciones de la realidad partan de un mayor grado de conocimiento.

95. G. Gerbner, "Toward...", cit., p. 196.

5 LOS ACTORES DE LA COMUNICACIÓN SOBRE EL TABACO EN LA SOCIEDAD DEMOCRÁTICA

Al contar —brevemente— la historia de la recepción del tabaco y de las creencias más o menos fundadas sobre sus efectos, hemos dado cuenta de cuáles son las distintas percepciones que se han dado y se dan sobre este producto. Como hemos visto, desde su misma llegada a España, el tabaco fue objeto de controversia. Esta característica de la percepción del tabaco permanece hoy en día, aunque las razones por las que se mantiene el debate no son exactamente las mismas.

Hay posturas de esa controversia que, con más o menos argumentos, son idénticas hoy a las de hace quinientos años. Entre los argumentos a favor del tabaco que permanecen invariables están, por ejemplo, el placer que produce fumar o sus efectos estimulantes. En frente hay razones por las que, desde hace quinientos años, se ha rechazado el tabaco: por ejemplo, su naturaleza adictiva y dañina para la salud.

Pero este medio milenio de historia también ha hecho evolucionar el mundo, de manera que el tabaco ha pasado a ser algo más que una hierba. Además de los factores puramente químicos y de sus efectos individuales —cuyo conocimiento ha aumentado notablemente en este tiempo—, hay que tener en cuenta que el tabaco se ha convertido en un hábito social y en una actividad económica muy relevante en la agricultura, la industria y el comercio. Por ello, en nuestro tiempo, la percepción sobre el tabaco incluye al menos en factores relacionados con la libertad de elección, la salud personal, la salud pública y la actividad económica a pequeña o gran escala.

Así planteado, se puede afirmar que, en estos momentos, en la comunicación sobre el tabaco concurren los siguientes actores:

i) La *sociedad civil*, que lanza sus ideas a la opinión pública y a otros actores en concreto tanto a través de los medios de comunicación o de campañas de comunicación y especialmente de formas de comunicación interpersonal tecnológicamente mediada, como de la comunicación mediada por el computador (CMC) o por la telefonía celular.

ii) La *industria tabacalera*, que utiliza la comunicación comercial en diversas formas —especialmente la publicidad— y concretamente a través de los medios de comunicación.

iii) La *ciencia* que investiga los diversos aspectos del tabaco, que difunde sus conocimientos entre la comunidad de investigadores a través de los cauces académicos, habitualmente de alcance limitado, que, en algunas ocasiones, a través del trabajo de periodistas especializados, aparecen en los medios de comunicación.

iv) Los *gobiernos*, que desarrollan estrategias diversas de comunicación política en el ámbito sanitario, a través de los medios de comunicación y por medio de campañas de comunicación en ámbitos diversos como por ejemplo la educación.

v) Los *medios de comunicación*, que reflejan y configuran la opinión pública sirviendo de cauce al resto de los actores, pero sin dejar de asumir las funciones públicas de representación, defensa y promoción del bien común que les atribuye la democracia.

Como propone el supuesto descrito por el modelo de Gerbner, en todos los tipos de comunicación en los que participan los actores mencionados se produce un aumento del conocimiento público, entendido éste como "una cualidad comunicativa de las relaciones sociales del ser humano con su mundo de acontecimientos —la dimensión horizontal del modelo— y una consecuencia de sus acciones y productos comunicativos —tal como se representa en el eje vertical—"[96].

Todos los actores que participan en este caso tienen su percepción del mundo de los acontecimientos —en este caso del tabaco— y reaccionan llevando a cabo sus acciones y productos comunicativos. Debemos ocuparnos de todos ellos en la dimensión reflejada por el eje vertical del modelo, pues esta faceta de la "reacción", acción o producción termina afectando, a través de la mejora del conocimiento público, al eje horizontal (percepción del acontecimiento o del acontecimiento narrado). Toca, por tanto, ahora detenerse en esta dimensión vertical del modelo para completar la visión sobre el incremento del conocimiento en la situación ideal de comunicación.

---

96. G. Gerbner, "Toward...", cit., p. 195.

6 LA COMUNICACIÓN INTERPERSONAL SOBRE EL TABACO EN LA SOCIEDAD CIVIL

La comunicación interpersonal ha adquirido en nuestros días una relevancia grande para el conocimiento público debido principalmente al desarrollo de las nuevas tecnologías. Es obvio que la conversación ordinaria sigue teniendo —como siempre ha tenido— una importancia grande. Pero su repercusión se multiplica cuando se practica por medio de las nuevas tecnologías debido a que, sin perder habitualmente las cualidades que se suelen otorgar a la comunicación interpersonal[97] (la credibilidad, capacidad de persuasión, el bajo coste, etc.), adquiere la potencialidad de la comunicación de masas[98] (producción y emisión de mensajes potencialmente ilimitados y tendencialmente simultáneos, etc.).

Quiere esto decir que la tecnología ha permitido que la sociedad civil pueda acentuar la idea de ciudadanía frente a la de individuo que el capitalismo había impuesto. Como señala Llano, "el énfasis actual en el estudio de la idea de *ciudadanía* responde a la necesidad —ampliamente sentida— de colmar los déficits de solidaridad, igualdad y autonomía que el propio desarrollo lógico de los principios democráticos ha traído históricamente consigo. El individualismo, en efecto,

97. Cfr. J. K. Burgoon y J. L. Hale, "The Fundamental Topoi of Relational Communication", en *Communication Monographs*, 51, 1984, pp. 193-214 para las características de la comunicación interpersonal desde el punto de vista de la relación. Para una visión completa cfr. M. L. Knapp y G. R. Miller (eds.), *Handbook of Interpersonal Communication*, Sage, Thousand Oaks, 1994 y J. A. DeVito, *The Interpersonal Communication Book*, Longman, Nueva York, 1998.
98. Cfr. D. McQuail, *Introducción a la teoría de la comunicación de masas*, Paidós, Barcelona, 2000.

clausura a cada persona en sí misma, le impide de entrada abrirse vitalmente a los demás y tejer con ellos proyectos solidarios"[99].

a) La comunicación interpersonal tecnológicamente mediada

El poder de las nuevas tecnologías en manos de los ciudadanos multiplica las posibilidades expresivas y difusivas de los mensajes elaborados a partir de sus percepciones y creencias sobre la realidad[100].

La telefonía celular es una forma de comunicación interpersonal tecnológicamente mediada de gran eficacia y muy usada en nuestros días. Un buen ejemplo de ello es el análisis que ha hecho la todopoderosa industria cinematográfica de Hollywood de los malos resultados estivales de sus estrenos de 2003. De acuerdo con las estadísticas de la compañía Nielsen, los ingresos de las nuevas películas estadounidenses lanzadas en el verano de 2003 han bajado una media del 51% entre la primera semana de exhibición y la segunda, mientras que hace cinco años ese descenso no superaba el 40% de media. Además, la lista de los afectados han sido grandes producciones como "La Masa", la segunda parte de "Los ángeles de Charlie", "Terminator III" y "Gigli", de Ben Affleck y Jennifer López, que cayó un 81,9% en su primera semana de exhibición.

Para explicar esta situación, que han hecho ineficaces

99.   A. Llano, *Humanismo cívico*, Ariel, Barcelona, 1999, p. 110.
100.   Cfr. N. Negroponte, *Being Digital*, Knopf, Nueva York, 1995.

los más de 30 millones de dólares gastados en campañas publicitarias para promocionar esas películas, la industria del cine centra sus sospechas en los mensajes SMS de la telefonía móvil. Esos mensajes, que se envían muchas veces antes de que el público salga físicamente de la sala de proyección, hacen críticas tan instantáneas como demoledoras y son de una gran eficacia.

Hollywood se ha planteado entrar en ese ámbito de la comunicación interpersonal tecnológicamente mediada, pero, lo que es más interesante, también se han comenzado a oír reflexiones como la de Rick Sands, de Miramax, que afirma que cada vez es más difícil engañar al público y comprar buenos resultados de taquilla. O la de Adam Folgeson, responsable de marketing de Universal: "Ya no basta con decir que algo es bueno. Tiene que ser fresco, o diferente, o nuevo, o incluir una estrella emergente"[101].

Como se ve, la comunicación interpersonal ha impuesto su eficacia a la todopoderosa comunicación comercial de masas y obliga a la industria del cine a plantearse mejorar sus productos para continuar en el negocio.

b) La CMC: los sitios web sobre el tabaco

La comunicación mediada por computador (CMC)[102]

---

101. P. Rodríguez, "Hollywood culpa a la telefonía móvil de su pésima taquilla veraniega", en *ABC*, 26/08/03, p. 39.
102. Cfr. Ch. Ess (ed.), *Philosophical Perspectives on Computer-Mediated Communication*, State University of New York Press, Albany, 1996; S. C. Herring (ed.), *Computer-Mediated Communication: Linguistic, Social and Cross-Cultural Perspectives*, John Benjamins, Philadelphia, 1996 y S. G. Jones, *CyberSociety 2.0: Revisiting Computer-Mediated Communication and Community*, Sage, Thousand Oaks, 1998.

es otro modo de comunicación interpersonal tecnológicamente mediada. En el tema que aquí nos ocupa —el tabaco—, esta forma de comunicación interpersonal es la más usada por los ciudadanos, ya sea individualmente o asociados en torno a unas ideas o aficiones o problemas respecto al tabaco. En la actualidad, el correo electrónico y el *chat* son tipos de CMC utilizados, pero posiblemente lo que tenga más presencia sea la comunicación por medio de sitios *web*.

Los sitios sobre tabaco son innumerables y de diverso tipo: de miembros de la industria tabacalera (en sentido amplio: agricultores, manufactureros, distribuidores, marcas, promociones concretas, etc.), de organismos oficiales (OMS, Unión Europea, ministerios de sanidad y organismos relacionados de distintos países, centros de investigación, etc.), de asociaciones defensoras de los derechos individuales frente al estado o directamente del derecho a fumar, de asociaciones defensoras del derecho a la salud y del derecho que los ciudadanos tienen a la protección estatal ante los efectos del tabaco, de individuos que se pronuncian en uno u otro sentido o sitios en los que, sencillamente, se da información sobre la historia del tabaco y de su publicidad, la investigación, el diseño de las cajetillas, etc.

Si prescindimos de los sitios *web* de la industria y de los organismos oficiales, a los que nos referiremos más adelante, aún encontraremos numerosos lugares en los que el tema principal es el tabaco.

En los sitios *contrarios al tabaco* se puede encontrar información sobre sus efectos: enfermedades que puede causar, datos epidemiológicos, artículos médicos, informes oficiales o leyes, y otros temas[103]. También se encuentran con frecuencia denuncias sobre el incumplimiento de la legalidad por parte de la industria tabacalera en lo referido a la limitación de la publicidad, a modos alternativos de promoción del tabaco entre menores, información sobre aditivos añadidos a los cigarrillos, y —especialmente desde que en 1994 salieron a la luz algunos documentos incriminatorios para la industria tabacalera[104]— datos sobre la investigación administrativa o judicial sobre ellos[105].

Otros sitios de la red llaman al activismo, y promueven el boicot a productos fabricados o distribuidos por compañías relacionadas con las tabacaleras, o a películas de cine en las que se fuma o a actores que fuman o han prestado su apoyo a la causa del tabaco o a su industria[106].

También hay sitios de naturaleza asistencial que ofrecen a los fumadores que lo deseen argumentos, información e incluso ayuda para dejar de fumar[107].

En la sociedad también hay *partidarios del tabaco*. En algunos casos son una mezcla de argumentos a favor del tabaco y servicio de venta electrónica de productos de tabaco y artículos para el fumador[108]. Pero también hay *webs* en las que se defiende la libertad de elegir y

103. Véase, por ejemplo, <https://web.archive.org/web/20031124041913/http://tobaccopedia.com/> (22/08/24).
104. Cfr. S. A. Glantz, J. Slade, L. A. Bero, P. Hanauer y D. E. Barnes, *The Cigarette Papers*, University of California Press, San Francisco, 1998.
105. Véase, por ejemplo, <www.tobacco.org> (22/08/24).
106. Véase, por ejemplo, <https://smokefreemedia.ucsf.edu> (22/08/24).
107. Véase, por ejemplo, <www.ash.org> (22/08/24).
108. Véase, por ejemplo, <https://tobaccocollectibles.co.uk> (22/08/24).

se lucha contra la limitación o negación del derecho a fumar. Esta idea se plantea afirmando que las limitaciones al tabaco no son nada más que un paso más en la progresiva invasión de la esfera privada por los demás o por el estado[109].

Básicamente la libertad de opción es el principal argumento real que se utiliza en estos sitios *web*. Hay otro tipo de razonamientos que son más bien denuncias de contradicciones del sistema y afirman que, si fumar es malo de verdad, lo lógico sería que se prohibiera totalmente; o en contra de la militancia anti-tabaco de los organismos públicos: los impuestos no se pagan para que se coarte a los ciudadanos; o que pretenden el desprestigio de la investigación epidemiológica vinculándola con las políticas de salud pública desarrolladas por regímenes como el nacionalsocialista[110]; o

109. El sitio *web* de *Friends of Tobacco* es un buen ejemplo de esta postura. Se presenta diciendo que son "una organización de base dedicada a preservar una parte esencial de la historia y del futuro de América. Creemos que cuando se nos quita alguna de nuestras libertades todas nuestras libertades están en peligro. Hay gente que quiere eso. Hay gente que quiere decirnos que no podemos gozar después de cenar, en el trabajo, en nuestros automóviles, en la intimidad de nuestras casas. Si esa gente no existiera, tampoco nosotros tendríamos necesidad de existir". En <https://web.archive.org/web/20040902084030/http://fujipub.com/fot/> (22/08/24). Algo parecido puede encontrarse en la *web* de *Forest*, un grupo para "proteger los intereses de los adultos que eligen fumar o consumir tabaco" y "contrarrestar la desnormalización del tabaquismo y de los fumadores, prevenir nuevas restricciones a la compra y el consumo de tabaco, establecer vínculos más estrechos con otros grupos partidarios del tabaco en el país y en el extranjero, generar apoyo entre los consumidores de tabaco y otros grupos igualmente amenazados, resaltar la naturaleza cada vez más intrusiva del gran gobierno en las vidas de los particulares". En <https://www.forestonline.org> (22/08/24).
110. Robert Proctor, profesor de Historia de la Ciencia en PennState University y autor de varios libros, entre ellos uno sobre los horrores médicos cometidos por los nazis ha publicado recientemente uno sobre la política de salud pública en la Alemania del Tercer Reich. *The Nazi War on Cancer* parte del descubrimiento de documentos que demuestran que los nazis

que afirman que el único modo de evitar el avance de drogas duras entre los jóvenes es ofrecer una imagen del tabaco y su calidad satisfagan a ese sector de la población.

La polémica en la red entre partidarios y contrarios de la limitación del consumo de tabaco es en ocasiones agresiva. Pero entre los partidarios del tabaco también se encuentran sitios de tono costumbrista (por ejemplo, los que muestran curiosidades[111], u ofrecen colecciones de anuncios o paquetes de tabaco[112], o sencillamente hablan de tabaco[113]). También hay sitios de tono más argumentativo (rebaten los presupuestos epidemiológicos o científicos de las medidas anti-tabaco, etc.)[114] y sitios neutros, que quieren mostrar todas las facetas posibles sobre el tabaco[115].

llevaron a cabo la campaña anti-tabaco más agresiva de la historia. Investigaciones posteriores revelaron que el gobierno de Hitler promovió amplias medidas de salud pública en la alimentación, la prevención de riesgos laborales, la protección medioambiental, etc. Estas medidas superponían la propaganda sobre salud con la idealización del cuerpo del Führer y su condición de no fumador y vegetariano. Proctor muestra que el cáncer también se convirtió en una importante metáfora social con la que los nazis retrataron a judíos y otros enemigos del Pueblo como tumores que tenían que ser eliminados del cuerpo político alemán. La crítica destaca que sólo si se aprecian las conexiones entre lo normal y lo monstruoso en la ciencia y la política nacionalsocialista se puede comprender de lleno no sólo el horror del nacismo, sino también su atractivo que sedujo a tantos alemanes. (Cfr. R. N. Proctor, *The Nazi War on Cancer*, Princeton University Press, Princeton, 2000).

111. Véase, por ejemplo, <www.venerablecapital.es/en/curiosities-tobacco/> (22/08/24).

112. Véase, por ejemplo <wwwtobaccocollectibles.co.uk> (22/08/24).

113. Véase, por ejemplo <www.MyCigarSite.com> (22/08/24).

114. Cfr. Lauren A. Colby, *In Defense of Smokers*, en <https://web.archive.org/web/20031008165017/http://www.lcolby.com/pdf/book.pdf> (22/08/24). Este libro polemiza sobre la investigación sociológica, epidemiológica, médica y política.

115. Véase, por ejemplo, <https://web.archive.org/web/20040714074510/http://SmokingSides.com/>.

En definitiva, la presencia en internet de percepciones y creencias diversas acerca del tabaco es tan plural que se puede decir que todos los puntos de vista están representados[116].

7 LA COMUNICACIÓN COMERCIAL

En estos últimos años, los ciudadanos, individualmente o asociados en la sociedad civil, han podido percibir con libertad la realidad del tabaco y asimismo expresarse de acuerdo con sus propias creencias del modo más eficaz posible para reflejar su manera de ver la realidad del tabaco y su consumo.

a) *La imagen pública del tabaco en los últimos años*

No sería del todo exacto pensar que la percepción pública del tabaco, sus productos y su consumo que hemos alcanzado los ciudadanos en los últimos años ha estado exclusivamente condicionada por la misma realidad y nuestros propios puntos de vista. Ciertamente la imagen del tabaco y del fumar que tenemos ha estado condicionada principalmente desde que existen los medios de comunicación de masas. Estos trajeron consigo la apreciación de que la imagen pública que de algo o de alguien debe construirse —y que con los medios de masas llega más allá de los límites de la movilidad física—, consiste en la gestión de la

---

116. Hasta tal punto es así que incluso están presentes los que no tienen postura al respecto. En el sitio *web* Tobacco.com se ofrece "un índice comprehensivo de organizaciones con diversos intereses sobre el tabaco, incluyendo la prevención y educación sobre el tabaco, alternativas al tabaco, venta de tabaco al por mayor, venta del tabaco al por menor, cultivo de tabaco, tecnologías para el procesado del tabaco y publicaciones con información sobre el tabaco". <https://web.archive.org/web/200408250 90702/http://www.tobacco.com/> (22/08/24).

apariencia de la persona o del producto que sea. Y el tabaco pasa a formar parte de esta nueva "cultura de la imagen". Tenemos ejemplos en la ficción, en la realidad o en la ficción hecha realidad: Lucky Luke, Winston Churchill o Groucho. De Churchill, por ejemplo, dice Indro Montanelli en sus memorias: "En cuanto al célebre puro, lo llevaba siempre apagado, pero apresurándose a metérselo en la boca en cuanto veía un fotógrafo, porque quería mantenerse fiel a la imagen que lo había hecho popular"[117].

Hasta finales del siglo XIX, incluso hasta el siglo XX, fumar era una actividad minoritaria, cuya aparición en Occidente se debía más a la curiosidad o el exotismo primero y a la moda después. Con la industrialización y el desarrollo de la industria del tabaco el consumo se dispara y pasa a ser un uso social, algo tan arraigado que no llama la atención, como sí lo hacía a comienzos del siglo XIX[118].

Con este panorama no nos puede extrañar que la presencia del tabaco en la vida cotidiana y en el mundo audiovisual haya empapado la percepción pública del tabaco con algunas ideas o cualidades generales o personales. Esto puede no haber sido necesariamente el resultado de una estrategia de comunicación comercial —de construcción de una imagen— de la industria tabacalera. Más aún, en algunos casos podemos tener constancia explícita de cuándo lo ha sido y cuándo no. Pero el hecho es que resulta difícil prescindir de esas asociaciones de imágenes si la misma

117. I. Montanelli, *Memorias de un periodista*, RBA, Barcelona, 2003, p. 116.
118. Véanse las viñetas de humor sobre el tema publicadas a finales del siglo XIX por la revista *Harper's* en <www.harpweek.com> (22/08/24).

cultura de la imagen no las sustituye por otras.

Posiblemente sean la literatura[119] y especialmente la fotografía, el cine, la televisión y otros modos visuales de expresión o reproducción de la imagen los que han reflejado mejor los atributos icónicos del tabaco. Son muchos los "personajes" cuya imagen está asociada al tabaco: además de los ya mencionados, sirvan de ejemplo Fidel Castro, Humphrey Bogart, el Che Guevara, Cruella De Ville o, sin ir más lejos, Mariano Rajoy. Las cualidades o valores atribuidas a cada uno de ellos pasan, de algún modo, a serlo también del tabaco.

Es fácil asociar a la condición de fumador o fumadora imágenes que son prototípicas. La del "tipo duro" está representada por Bogart, que en sus películas nunca deja de tener un cigarrillo entre sus labios, mientras que la de "mujer fatal", o la de "mujer sofisticada", etc., ha sido representada muchas veces —depende del momento histórico de la ficción— por Marlene Dietrich, o por las "vamps" fumadoras con largas boquillas.

El "rico", el "hombre de éxito" en los negocios suele fumar puros, mientras que el pobre de solemnidad "no tiene ni para tabaco", y es representado en ocasiones por Chaplin recogiendo del suelo colillas aún humeantes. También el puro aparece en las grandes celebraciones, como en las bodas[120] o, paradójicamente, en los deportes: se ha convertido en normal ver a jugadores de fútbol o baloncesto celebrar un triunfo liguero

---

119. Cfr. G. Cabrera Infante, *Puro humo*, Alfaguara, Madrid, 2000. Esta obra cuenta anécdotas, secuencias de películas, historias de actores, etc.
120. Altadis —la fusión de Tabacalera y Seita— anuncia en un folleto su "Gama de puros para celebraciones" en el que ofrece gratuitamente a través de los estancos un "servicio de personalización" cajetillas y vitolas.

fumándose un puro en el mismo vestuario o incluso en la cancha[121].

Fumar se asocia a tranquilidad, a lo que se hace cuando se acaba un trabajo intenso —"echarse un pitillo"—, o la expresión "fumarse un puro" se asimila a no tener preocupación alguna, a indiferencia, a no sentirse afectado. Pero el tabaco también se asocia a la estimulación necesaria para mantenerse despierto hasta altas horas la noche o también para despabilarse por la mañana.

Está el tabaco tan fuertemente asociado a la idea de gozo, placer o bienestar que incluso es frecuente que, cuando en las películas hay un herido grave o un moribundo, se le ofrezca un cigarrillo o al menos unas caladas de él; así mismo se ofrece un cigarrillo a los condenados antes de llevarlos al patíbulo. Menos lúgubre, pero igualmente asociado con la idea de placer, es la letra del famoso tango: "Fumar es un placer, genial, sensual...".

También se da la imagen del tabaco como un modo de sobrellevar la tensión: el padre que espera el nacimiento de su primer hijo fuma encendiendo un cigarrillo con el anterior, o el ambiente de mucho trabajo se refleja cargado de humo de cigarrillos. Y se ha asocia

---

121. Son muchas las imágenes de ese tipo difundidas por los medios de comunicación, pero son especialmente fáciles de recordar las de Michael Jordan con un puro en la boca celebrando sus triunfos en la NBA, las de los jugadores del Real Madrid fumando habanos en su vestuario para celebrar sus últimos éxitos en la Liga de Campeones o, recientemente, las imágenes de Michael Schumacher celebrando con un gran puro su sexto campeonato del mundo de fórmula 1.

fumarse un cigarrillo con un momento para la reflexión o el humo con la alta especulación filosófica: Jean Paul Sartre, tan popular entre la gente joven de toda una época, solía aparecer en las fotos envuelto por la nube de humo de su cigarro.

b) *El papel de la industria tabacalera*

A pesar de la probada relación entre las industrias cinematográfica y del tabaco[122], las que acabamos de tratar son imágenes a las que estamos acostumbrados, iconos que pertenecen a nuestra cultura visual sin que, que sepamos, hayan sido impuestas como fruto de una estrategia de comunicación comercial. Pero... ¿hubiera sido posible que el tabaco alcanzara tal popularidad global y tan poco crítica sin la intervención mediática de la industria? Resulta difícil entender correctamente el fenómeno del tabaco en nuestros días sin hacer referencia al uso de los medios de comunicación de masas como parte de la estrategia comercial de la industria tabacalera[123]. Algunos ejemplos pueden ilustrar cómo

122. Cfr. C. Mekemson y S. Glantz, "How the Tobacco Industry Built its Relationship with Hollywood", en *Tobacco Control*, 11, 2002, pp. 81-91; T. S. Stockwell y S. A. Glantz, "Tobacco Use is Increasing in Popular Films", en *Tobacco Control*, 6, 1997, pp. 282-284; J. P. Pierce y E. A. Gilpin, "A Historical Analysis of Tobacco Marketing and the Uptake of Smoking by Youth in the Unied States 1890-1977", en *Health Psychology*, 14, 1995, pp. 500-508; G. Hastings y L. MacFadyen, *Keep Smiling. No One is Going to Die. An Analysis of Internal Documents from the Tobacco Industry's Main UK Advertising Agencies*, (informe encargado por el Comité de Salud de la Cámara de los Comunes), Centre for Tobacco Control Research (CTCR), University of Strathclyde, Londres, 2000, p. 6. El "Día mundial sin tabaco" de este año (31 de mayo), evento organizado por la OMS, se ha dedicado específicamente a este tema del cine y el tabaco. La Universidad de California en San Francisco tiene un sitio web dedicado a este tema: <https://smokefreemedia.ucsf.edu> (22/08/24).
123. Cfr. por ejemplo S. A. Glantz y E. D. Balbach, *Tobacco War: Inside the California Battles*, University of California Press, Berkeley, 2000; G.

la comunicación comercial (dimensión vertical en el modelo de Gerbner) afecta a la percepción de la realidad del tabaco (dimensión horizontal) y con ello, a su conocimiento público.

El uso de la publicidad por parte de la industria tabacalera es bastante antiguo pues, como ya hemos mencionado, en 1789 la compañía de los hermanos Lorillard ya anunciaba su rapé en periódicos. Otro punto de gran relevancia en la vinculación entre el tabaco y la publicidad fue el desarrollo del llamado "arte de las cajas de cigarros"[124]. Cuando por razones fiscales, la legislación obligó a vender el tabaco empaquetado alcanzó un gran desarrollo la aplicación de las artes de impresión al estampado en color primero de las cajas y sus envolturas, y después de las estampas y coleccionables sobre temas diversos que se empezaron a distribuir con las cajas de cigarros como sistema de promoción y fidelización. Este es un aspecto que la industria del tabaco no ha dejado de cuidar y existen auténticas joyas en colecciones de impresos relacionados con el tabaco: cajas y cajetillas, vitolas, etc.

Petrone, *Tobacco Advertising: The Great Seduction*, cit.; U.S. Department of Health and Human Services, *Reducing Tobacco Use: A Report of the Surgeon General*, Department of Health and Human Services, Centers for Disease Control and Prevention, National Center for Chronic Disease Prevention and Health Promotion, Office on Smoking and Health, Atlanta, 2000. Véase especialmente el capítulo 2: "A Historical Review of Efforts to Reduce Smoking in the United States", pp. 27-58 (disponible en <https://stacks.cdc.gov/view/cdc/11261> (22/08/24); M. Wolfson, *The Fight Against Big Tobacco: The Movement, the State, and the Public's Health*, Aldine deGruyter, Hawthorne, 2001.
124. Cfr. W. C. Hatcher, "Caddy Labels and Tin Tags: A Colorful History of the Marketing of American Tobacco" cit. y G. Borio, "The History of Tobacco", cit.

Pero desde el decenio de 1920, una vez que los cigarrillos se habían impuesto en prácticamente todo el mundo como el producto tabaquero de mayor consumo, la industria, especialmente en los Estados Unidos, disponiendo ya de instrumentos de investigación social y de soporte teórico para la planificación de las campañas, no ha dejado de tener estrategias claras para el avance en el mercado de los cigarrillos. Aunque las campañas las lleva a cabo habitualmente una compañía o, incluso, una marca en concreto, no es del todo incorrecto hablar de promoción del tabaco en general, pues "los documentos prueban que la promoción de marca y el consumo de tabaco están inextricablemente unidos; que las marcas individuales ganarán con la expansión del mercado, y por lo tanto, hacen planes deliberados para promoverla"[125]. Por eso vamos a tratar de algunas acciones de comunicación comercial especialmente relevantes para la industria del tabaco, aunque fueran llevadas a cabo por marcas de determinadas compañías.

c) Publicidad para mujeres: Lucky Strike

Para cualquier empresa es un objetivo prioritario aumentar su público. Para la industria del tabaco no lo es menos. Fumar era a principios del siglo XX una actividad prácticamente exclusiva de hombres. Las pocas mujeres que fumaban eran consideradas "de vida lige-

---

125. G. Hasting y L. MacFadyen, *Keep Smiling. No One is Going to Die. An Analysis of Internal Documents from the Tobacco Industry's Main UK Advertising* Agencies, cit., p. 2.

ra, liberadas bohemias o de ambientes intelectuales"[126]. Como hemos señalado, al finalizar la Primera Guerra Mundial el hábito social del consumo de cigarrillos estaba completamente expandido por el mundo. El cigarrillo, que hasta entonces tenía una cierta imagen femenina, se convirtió rápidamente en un producto de hombres[127].

Tras la Guerra, los cigarrillos comenzaron a elaborarse con los tabacos más suaves y a mediados de los años 20 se puso de moda entre las estudiantes universitarias de los Estados Unidos. Pronto el consumo de tabaco entre mujeres se convirtió en un objeto de controversia entre las fuerzas progresistas y las conservadoras del feminismo[128]. Como señala Fass, "la objeción a que las mujeres fumaran se basaba en los criterios tradicionales sobre el comportamiento femenino; una vez que uno de esos criterios era puesto en cuestión, quedaban cuestionados todos"[129]. El hecho es que en Estados Unidos en 1930 fumar ya era algo aceptado entre las mujeres.

Lo que explica ese cambio es la intensa campaña llevada a cabo por la industria del tabaco para incorporar a las mujeres a su público potencial: era hacerlo crecer un 100%.

En 1926 Liggett & Myers lanza el primer anuncio de

126. P. Fass, *The Damned and the Beautiful: American Youth in the 1920's*, Oxford University Press, Nueva York, 1977, p. 293.
127. M. Schudson, *Advertising, the Uneasy Persuasion: Its Dubious Impact on American Society*, Basic Books, Nueva York, 1984, pp. 186-187.
128. P. Fass, *The Damned and the Beautiful: American Youth in the 1920's*, cit., p. 296.
129. P. Fass, *The Damned and the Beautiful: American Youth in the 1920's*, cit., p. 293.

cigarrillos dirigido a mujeres[130]. La mayor parte de la página la ocupa el dibujo de una romántica pareja a la luz de la luna llena: él enciende un cigarrillo y ella lo mira. El eslogan, a la izquierda, reza: "Blow some my way" (sopla un poco hacia mí). Y debajo una foto del paquete y la marca Chesterfield a todo lo ancho.

Pero el gran promotor de la publicidad de cigarrillos dirigida a mujeres fue el presidente de American Tobacco Company, George Washington Hill, y sus campañas para captar mujeres para el mercado de Lucky Strike[131]. Su primera estrategia, creada en 1928 junto con el ejecutivo de publicidad Albert Lasker, consistió en ofrecer a las mujeres la idea de que fumar disminuye el apetito. Vincularon el tabaco con el control del peso, tan presente en el imaginario de la moda femenina de los años 20, que enfatizaba la juventud y esbeltez. Hill y Lasker usaron para ello este eficaz eslogan: "Reach for a Lucky Instead of a Sweet" (coge un Lucky en vez de un dulce) [132].

Pero tal vez las acciones más conocidas de Hill para promocionar el consumo de tabaco entre mujeres fueron las que encargó a Edward Bernays[133], uno de los

130. R. Sobel, *They Satisfy: The Cigarette in American Life*, Anchor, Garden City, 1978, p. 99.
131. Cfr. S. Craig, "'Torches of Freedom': Themes of Women's Liberation in American Cigarette Advertising", Comunicación presentada en la Convención de la División de los Estudios de Género de la Asociación Sudoeste/Texas de Cultura Popular, Alburquerque, 1999, pp. 4-7. Disponible en <https://www.researchgate.net / publication / 228934885_Torches_of_Freedom_Themes_of_Women's_Liberation_in_American_Cigarette_Advertising> (22/08/24).
132. Cfr. J. Sivulka, *Soap, Sex, and Cigarettes: A Cultural History of American Advertising*, Wadsworth, Belmont, 1998, pp. 166-169.
133. Cfr. F. Rey Lennon, *Edward Bernays. El hombre que inventó las relaciones públicas*, Imagen, Buenos Aires, 1999.

pioneros de las relaciones públicas. En realidad, Bernays llevó la comunicación comercial para Lucky Strike mucho más allá de la publicidad y realizó lo que propiamente se puede denominar ingeniería social.

El primero de los trabajos realizados por Bernays para Hill tenía como finalidad desterrar definitivamente los prejuicios para que las mujeres pudieran fumar en público. Para ello encontró como idea aliada —y de ella se sirvió— el feminismo y la liberación de la mujer (movimiento tan activo en los Estados Unidos desde el siglo XIX). Bernays organizó en 1929 una "marcha por la libertad" en Nueva York. Para ello convenció a un grupo de diez jóvenes para que fumaran mientras desfilaban por la Quinta Avenida junto a sus respectivos acompañantes. Bernays señaló que las mujeres, al prender un cigarrillo, estaban encendiendo la antorcha de la libertad, "the torch of freedom", —que fue el nombre con el que quedó esta acción— "para combatir el estúpido prejuicio de que no se puede ver un cigarrillo por la acera"[134].

Otro problema cuya solución encomendó Hill en 1934 a Bernays fue el del diseño del paquete de Lucky Strike. Era similar al actual, con un círculo rojo con la marca, pero el fondo, en vez de blanco como el actual, era en sus orígenes de un oscuro color verde tabaco. Hill pensaba que las mujeres percibían ese color como pasado de moda, pero al mismo tiempo no quería cambiar una imagen tan conocida, así que encargó a Bernays que pusiera de moda el color verde entre las

134. E. L. Bernays, *Biography of an Idea: Memoirs of Public Relation Counsel Edward L. Bernays*, Simon and Schuzter, Nueva York, 1965, p. 387.

mujeres.

Bernays organizó diversos eventos, entre ellos *The Green Ball*, un baile "de verde" (los asistentes tenían que vestir de verde y todo estaba decorado con ese color) para obtener fondos para fines benéficos; y un almuerzo "todo de verde" para editores de revistas de moda de Nueva York. También organizó conferencias de un profesor de arte sobre el uso del color verde en el arte y de un psicólogo sobre las implicaciones subconscientes del color verde[135]. Esta campaña incrementó las ventas de la marca de 13'7 a 43'2 millardos de cigarrillos entre 1925 y 1935[136].

Aunque está dirigida a mujeres sólo indirectamente, una campaña más de Lucky Strike puede ayudar a ilustrar cómo las compañías tabacaleras utilizan temas y sucesos serios para alcanzar sus propósitos puramente comerciales. En 1942 comunicaron a Hill, presidente e American Tobacco Company, fabricante de Lucky Strike, que sólo contaban con existencias de tinta verde para tres meses. Los componentes químicos de la pintura eran escasos en esos momentos de guerra y se necesitaban para uso militar. Hill sabía que el verde de las cajetillas de Lucky Strike no gustaba demasiado a las mujeres, pero necesitaba ofrecer un motivo para cambiar el color de una marca tan popular. Cuando supo que había escasez de barcos para enviar provisiones a Inglaterra y Rusia y que se iban a utilizar

135. E. L. Bernays, *Biography of an Idea: Memoirs of Public Relation Counsel Edward L. Bernays*, cit., pp. 389-391.
136. Cfr. R. B. Tenant, *The American Cigarette Industry: A Study in Economic Analysis and Public Policy*, Yale University Press, New Haven, 1950, pp. 139-188.

barcos con casco de madera que precisaban ser pintados con pintura de cobre para evitar que se pudrieran con el agua de mar encontró la razón que buscaba. La tinta que se utilizaba para el verde de las cajetillas de Lucky Strike tenía cobre, así que inició una campaña exclusivamente radiofónica bajo el eslogan "Lucky Strike Green Has Gone to War" (Lucky Strike verde se ha ido a la guerra), y explicando que el ahorro de cobre que el cambio de color implicaba permitía fabricar cada día 400 tanques ligeros de pintura militar. La campaña se basó sólo en el eslogan —repetido una y otra vez por la radio— y en la cajetilla, ya blanca. Además, se regalaba un cromo con el eslogan y seis posibles motivos bélicos en cada cartón de Lucky. Tanto el uso de la guerra por razones comerciales como la intensidad de la campaña generaron problemas a la compañía, pero el incremento de las ventas fue del 38% en seis meses[137].

La American Tobacco Company, especialmente su presidente George Washington Hill, en los años 30 y 40 abrieron definitivamente el mercado femenino para la industria tabacalera utilizando la comunicación comercial para difundir básicamente tres ideas: que fumar ayuda a mantener la línea; que fumar estaba de moda, era algo con *glamour*; y que fumar era un modo explícito de desafiar las normas sociales tradicionales[138]. Pues bien, esas mismas ideas volverían a utilizarse cuarenta años más tarde, con un mayor conocimiento de los efectos del tabaco sobre la salud y una

137. Véase, por ejemplo, <https://web.archive.org/web/20041010030413/http://www.wclynx.com/burntofferings/adslist_of_pages.html> (22/08/24).
138. Cfr. S. Craig, "'Torches of Freedom': Themes of Women's Liberation in American Cigarette Advertising", cit.

mayor prevención del público, en el nuevo periodo de auge del feminismo, en la campaña de lanzamiento de una marca de cigarrillos para mujeres: Virginia Slims, de Philip Morris.

d) Tabaco para mujeres: Virginia Slims

A comienzos de los años 60 el movimiento feminista resurgió con fuerza: aparecieron numerosas e importantes asociaciones feministas, como la NOW (National Organization of Women) en Estados Unidos en 1966 y se organizaron frecuentes manifestaciones, sentadas, marchas y otras acciones públicas reivindicativas de la igualdad de derechos que alcanzaron notoriedad pública en los medios de comunicación.

Desde el punto de vista de la industria del tabaco la igualdad entre el hombre y la mujer era un hecho. Incluso, según diversos test realizados, había marcas de cigarrillos con especial éxito entre el público femenino por el sabor más ligero y suave de la mezcla de tabacos o por su forma más alargada que otras marcas. Sin embargo, Philip Morris elaboró —con bastante éxito— una estrategia para "crear una marca que no sólo atrajese a las mujeres, sino que tuviera una identidad distinta como un cigarrillo de mujer"[139]. La nueva marca tenía que ser distinta: era, como el Benson & Hedges —también de Philip Morris— algo más alargado de lo normal (100 milímetros), pero además era ligeramente más fino, y el filtro era blanco, lo que

___

139. S. Craig, "'Torches of Freedom': Themes of Women's Liberation in American Cigarette Advertising", cit., p. 10.

hacía parecer el cigarrillo incluso más largo. El cigarrillo tenía un "diseño ligeramente más esbelto que se dirigía a las mujeres para que asociaran un cigarrillo alto y esbelto con una figura alta y esbelta"[140]. El paquete tenía, por lo tanto, una forma más "alta y esbelta" que sus competidores. La tipografía insistía en los mismos conceptos.

La novedad del producto y la campaña de lanzamiento convirtieron a los cigarrillos Virgina Slims en un éxito. Vamos a ceñirnos a la campaña publicitaria, que es la estrategia principal de comunicación comercial. Como ya se ha mencionado, las ideas fuertes de la campaña de lanzamiento —y de las posteriores de esta marca— fueron las aplicadas por Hill para Lucky Strike desde los años 20: relación de ideas entre fumar y buen tipo; fumar y estar a la moda; y fumar y liberación femenina.

La publicidad de Virginia Slims siempre utilizaba mujeres de aspecto joven, pero no aniñadas, altas delgadas, frescas, atrevidas y alegres, extremadamente modernas y elegantes, aunque habitualmente con ropa informal[141]. El hecho de aparecer solas en el anuncio, sin presencia masculina —ni femenina—, insiste en la idea de independencia. Pero, además, en su campaña de lanzamiento, la idea de igualdad entre hombres y mujeres estuvo reforzada por dos elementos: fotografías de escenas del siglo XIX o principios del XX en la parte

---

140. J. Simley, "Virginia Slims", en J. Jorgensen (ed.), *Encyclopedia of Consumer Brands*, vol. 1, St. James, Detroit, 1994, p. 622.
141. Pueden verse anuncios de Virgina Slims de diversos años en <https://tobacco.stanford.edu/cigarettes/womens-cigarettes/virginia-slims-modern-ads/> (22/06/24).

superior del anuncio en las que se reproducían, en clave de humor, situaciones ridículamente machistas (por ejemplo, una mujer es castigada por su marido al ser descubierta por éste fumando). Y el otro elemento fue el eslogan: "You've come a long way"[142]: has recorrido un largo camino. Un largo camino para llegar hasta aquí, a la igualdad: tal vez por ello había llegado el momento de fumarse un cigarrillo.

Como en el caso de Lucky Strike, también Virginia Slims tuvo un éxito arrollador[143]. E igualmente en este caso hubo algunas protestas por parte de asociaciones feministas que pensaban que los anuncios trivializaban los ideales de la lucha por igualdad entre los sexos.

e) Nuevas estrategias de mercado para nuevos tiempos

En 1964 el *Surgeon General* de los Estados Unidos hizo público su informe sobre el consumo de tabaco y la salud[144]. En él se recogían las conclusiones a las que había llegado la investigación médica, tanto epidemiológica como patológica, que se venía desarrollando desde hace años, como ya se ha mencionado antes. Esas investigaciones establecían vínculos inequívocos

---

142. Poco después añadieron "baby" (muñeca) al eslogan: "You've come a long way, baby": aunque era una expresión bastante polémica —"y no me llames muñeca" era una especie de coletilla para muchas mujeres— los tests realizados por la agencia —Leo Burnett— mostraron que sin ella el eslogan quedaba demasiado plano. Cfr. R. Kluger, *Ashes to Ashes: America's Hundred-Year Cigarette War, the Public Health and the Unabashed Triumph of Philip Morris*, Knopf, Nueva York, 1996, p. 316.

143. Ante el éxito diversas compañías lanzaron al mercado productos similares: Silva Thins de American Tobacco, Eve de Liggett & Myers, etc. En España hubo una marca con similares pretensiones: Lola.

144. US Department of Health, Education, and Welfare, *Smoking and Health: Report of the Advisory Committee to the Surgeon General of the Public Health Service*, US Department of Health, Education, and Welfare, Public Health Service (PHS Publication No. 1103), Washington, 1964.

entre el cáncer de pulmón y el consumo de tabaco.

La alarma pública fue notoria: comenzó un desigual descenso en el consumo de tabaco. Ante la presión de la opinión pública el gobierno de los Estados Unidos tuvo que tomar medidas y a finales de esa década las cajetillas y anuncios de tabaco advertían de las consecuencias negativas para la salud y se prohibió la publicidad de tabaco en televisión.

Esta situación nueva para la industria del tabaco llevó a la adopción de nuevas estrategias de comunicación comercial. En primer lugar, el carácter nocivo de su producto era de dominio público y lo seguiría siendo, pues la investigación, y el activismo consiguiente, no cesarían: al contrario, acabaría ofreciendo en los años siguientes nuevas evidencias de que el tabaco hace peligrar la salud y produce diversos tipos de cáncer, enfermedades cardiovasculares, etc. Además, en distintos países —después de Estados Unidos vendrían otros—, se aprobaban leyes restrictivas para el consumo, la comercialización y la promoción del tabaco.

Esto hizo que la comunicación de las empresas tabacaleras —y del sector en general— se fuera sofisticado en la búsqueda de procedimientos que le permitieran sortear tanto las barreras psicológicas de los consumidores como las barreras legales de las autoridades sanitarias y de comercio.

Con respecto a las barreras psicológicas, es decir, al temor a los efectos negativos del tabaco en la salud, la estrategia de la industria fue, en primer lugar, el intento de creación de "tabaco seguro". Ya en los años 50 los investigadores de Philip Morris vieron las posibilidades comerciales que podía tener un cigarrillo saludable, y desde la propia compañía se comenzó a difundir la evidencia de que "fumar mucho contribuye a desarrollar cáncer de pulmón"[145] y que la firma estaba dispuesta a combatir a quienes no hicieran cigarrillos más seguros. Pero el resto de la industria lo vio como una temeridad ya que promover la investigación sobre tabaco más seguro era reconocer tácitamente que el tabaco es peligroso.

El hecho es que la industria desarrolló toda una gama de cigarrillos con filtro que reducían notablemente los niveles de alquitrán: las tabacaleras no tenían demasiados datos sobre la eficacia de esa medida, o más bien tenían la información contraria. El hecho es que los cigarrillos con filtro pasaron de ser menos del 1% en 1950 al 87% en 1975. Pero, en la mayoría de los casos "el fumador de cigarrillos con filtro ingiere tanta o más nicotina y alquitrán que la que hubiera ingerido de haber fumado cigarrillos normales. Sin embargo, ha abandonado los cigarrillos sin filtro para reducir el riesgo para la salud"[146].

La ruptura de la barrera psicológica del miedo a los efectos negativos —o más bien la tranquilidad falsa de que no existen tales efectos o son menores— también se llevó a cabo con la promoción de los cigarrillos "bajos en nicotina" o "light". Sin embargo, la investigación médica ha demostrado que esos cigarrillos son igualmente nocivos para la salud, como la OMS recoge

145. T. Parker-Pope, "*Safer* Cigarettes: A History", en <www.pbs.org/wgbh/nova/cigarette> (22/08/24).
146. T. Parker-Pope, "*Safer* Cigarettes: A History", cit.

en el Convenio marco para el control del tabaco de 2003, firmado también por España, cuando prohíbe crear por cualquier procedimiento "la falsa impresión de que un determinado producto de tabaco es menos nocivo que otros, por ejemplo [por medio de] expresiones tales como 'bajo contenido de alquitrán', 'ligeros', 'ultraligeros' o 'suaves'"[147].

Otra estrategia de superación de esa barrera psicológica fue la creación de una imagen de "industria responsable", es decir de una empresa —o sector— que lleva a cabo una actividad legal, que presta un servicio a aquellos adultos que fuman, que hace todo lo posible para que sus productos sean menos nocivos, que acepta y cumple las normativas restrictivas impuestas por las autoridades, especialmente aquéllas que se refieren a los menores de edad, y que informa sobre las consecuencias del consumo de tabaco[148]. Es obvio que una estrategia así da credibilidad a las marcas, pero no

---

147. Organización Mundial de la Salud, *Convenio marco de la OMS para el control del tabaco*, Documento A56/8 Rev.1*, 12 de mayo de 2003, Anexo, Artículo 11.a.

148. Philips Morris International afirma en su *web*: "Compartimos el abrumador consenso médico y científico que indica que el consumo de cigarrillos ocasiona en los fumadores cáncer de pulmón, enfermedades cardiovasculares, enfisema y otras enfermedades graves. Los fumadores tienen muchas más probabilidades de tener enfermedades graves, como cáncer de pulmón, que los no fumadores. No existen cigarrillos 'sin riesgos'. Estos son y han sido los mensajes de las autoridades sanitarias en todo el mundo. Los fumadores y los posibles fumadores deben confiar en estos mensajes al tomar sus decisiones relacionadas con el consumo de cigarrillos". Véase <https://web.archive.org/web/20030816074246/ http://www.philipmorrisinternational.com/pages/spa_ES/smoking/Health_effe cts.asp> (22/08/24). La página web de Phillip Morris International en la actualidad trata, básicamente, sobre el "futuro sin humo" en el que la compañía está trabajando. Véase <https://www.pmi.com> (22/08/24). No es tan contundente, pero cumple esos requisitos, el *Código de autorregulación de la publicidad de los productos del tabaco en España*, del 12 de junio de 2001 suscrito por la Asociación Empresarial del Tabaco. https://www.cnmc.es/sites/default/files/70887_7.pdf (22/08/24).

lo es menos que si se descubre ante la opinión pública un uso falaz de esa imagen pública, el resultado será muy negativo para la industria. Conviene recordar que a finales de los años noventa del siglo XX se hicieron públicos documentos de la industria tabacalera en Estados Unidos[149] y en el Reino Unido[150] que revelaban el uso de la falsa imagen corporativa y de marca como estrategia para promover el consumo entre jóvenes, adolescentes y adultos. El prólogo de David Hinchcliffe, presidente de la Comisión de Salud de la Cámara de los Comunes, al informe británico sobre los documentos internos de las agencias de publicidad de las principales compañías tabacaleras del Reino Unido son ilustrativas del demoledor contenido del texto al que preceden: "La lectura de este informe es espeluznante. Muestra cómo la industria del tabaco ha empleado poderosas y cínicas campañas de marketing para animar a la gente a empezar a fumar o a seguir haciéndolo"[151].

Para sortear las barreras legales sin caer en la ilegalidad, la comunicación comercial de la industria tabacalera ha buscado nuevos modos de hacer llegar sus mensajes al público, y específicamente al público adolescente y juvenil, que, según abundantes investigaciones, se ha convertido en la principal prioridad de

---

149. Cfr. S. A. Glantz, J. Slade, L. A. Bero, P. Hanauer y D. E. Barnes, *The Cigarette Papers*, cit.
150. Cfr. G. Hastings y L. MacFadyen, *Keep Smiling. No One is Going to Die. An Analysis of Internal Documents from the Tobacco Industry's Main UK Advertising Agencies*, cit.
151. D. Hinchcliffe M. P., "Foreword" a G. Hastings y L. MacFadyen, *Keep Smiling. No One is Going to Die. An Analysis of Internal Documents from the Tobacco Industry's Main UK Advertising Agencies*, cit., p. 1.

las compañías tabacaleras[152]. Para ello ha buscado vías alternativas a la publicidad no permitida como los descuentos, las ofertas, los concursos y los regalos, que son sistemas de promoción comercial muy habituales en otros productos. Otra vía es el patrocinio de actividades diversas, especialmente de competiciones deportivas[153] como las carreras de automóviles y de motos, el billar, deportes de aventura, regatas de grandes veleros, etc. También financia la industria tabacalera actividades de otra índole, como las artes (Benson & Hedges patrocina un concurso de fotografía, la británica Gallaher la Orquesta del Ulster, etc.), la investigación científica, etc.[154].

A parte del patrocinio, el refuerzo de la marca es también un modo habitual utilizado por la industria. El modo más evidente de llevarlo a cabo es la creación

152. Cfr. M.-C. Mosella, "La publicidad de tabaco y los adolescentes", en J. R. Villalbí y C. Ariza (coord.), *El tabaquismo en España: Situación actual y perspectivas para el movimiento de prevención*, SESPAS, CNPT, Barcelona, 2000, pp. 91-133; G. B. Hastings, P. Aitken y A. M. McIntosh, "Children Smoking and Advertising: The Evidence is There for Those Who Wish to See it", en *International Journal of Advertising*, 1, 1994, pp. 195-201; J. Pierce, "Tobacco Industry Promotion of Cigarettes and Adolescents Smoking", en *Journal of the American Medical Association*, 279, 1998, pp. 511-515; A. Sarría Santamera y M. Cortés Blanco, "La publicidad de tabaco en internet", en *Prevención del tabaquismo*, 4, 2002, pp. 143-144; G. Hastings y L. MacFadyen, *Keep Smiling. No One is Going to Die. An Analysis of Internal Documents from the Tobacco Industry's Main UK Advertising Agencies*, cit., pp. 16-21; J. Mintz y S. Torry, "Internal R.J. Reynolds Documents Detail Cigarette Marketing Aimed at Children", *The Washington Post*, January 15, 1998, p. A01.
153. Cfr. <https://web.archive.org/web/20030924064459if_/http://www.ash.org. uk:80/> (22/08/24) y G. Hastings y L. MacFadyen, *Keep Smiling. No One is Going to Die. An Analysis of Internal Documents from the Tobacco Industry's Main UK Advertising Agencies*, cit., pp. 28-32.
154. Véase, por ejemplo, <https://web.archive.org/web/20050902130442 /http://www.tobacco.org/news/137044.html> (22/08/24) y <https://web. archive.org/web/20030924064459if_/http://www.ash.org.uk:80/> (22/08/24).

de productos diversos dirigidos principalmente a jóvenes —ropa, calzado, colonia, complementos, etc.— con el mismo nombre e imagen de marca que el tabaco[155].

También el cultivo de valores anejos a la imagen de marca y de la propia marca es un modo de sortear las trabas legales para hacer comunicación comercial del tabaco y sus productos. Un ejemplo claro del tipo de cliente que la industria tabacalera desea lo tenemos en quienes protagonizan sus anuncios legales: siempre son personas jóvenes. Otro ejemplo —muy popular en su día— fue el "Joe camel", el simpático camello de peluche de Camel que protagonizaba anuncios llenos de humor y dirigidos directamente a los más jóvenes[156].

La industria del tabaco ha utilizado también otros modos de promoción de sus productos que se encuentran en la zona "borrosa" de la legalidad en algunos casos y claramente en la ilegalidad en otros casos. Por una parte está la publicidad subliminal, que se ha utilizado con frecuencia en el cine y otros productos audiovisuales[157] y en la promoción a través de la televisión y otros medios de comunicación de estilos de

155.   Camel, Davidoff, Marlboro, por ejemplo.
156. Cfr. J. R. DiFranza, J. W. Richards, P. M. Paulman, N. Wolf-Gillespie, C. Fletcher, R. D. Jaffe y D. Murray, "RJR Nabisco's Cartoon Camel Promotes Camel Cigarettes to Children", en *Journal of the American Medical Association*, 266, 1991, pp. 3149-3153 y J. Mintz y S. Torry, "Internal R.J. Reynolds Documents Detail Cigarette Marketing Aimed at Children", The Washington Post, January 15, 1998, p. A01.
157. Cfr. M. A. Dalton, J. D. Sargent, M. L. Beach, L. Titus-Ernstoff, J. J. Gibson, M. B. Ahrens, J. J. Tickle y T. F. Heatherton, "Effect of Viewing Smoking in movies on Adolescent Smoking Invitation: A Cohort Study", en *The Lancet*, vol. 362, núm. 9380, July 26, 2003, pp. 281-285; S. A. Glantz, "Smoking in Movies: A Major Problem and a Real Solution", en *The Lancet*,

vida como libertad, rebeldía, buen humor, pertenencia al grupo, etc., bien valorados entre los jóvenes y relacionados implícita, cuando no explícitamente, con el consumo de tabaco[158]. Se trata de un tipo de promoción subliminal porque, como señala Bandura, la exposición a esos estilos de vida provoca procesos de acostumbramiento, autojustificación y desplazamiento de la responsabilidad que explican la aparición de nuevas actitudes en los individuos que sirven para autojustificar comportamientos que, en condiciones normales, el propio individuo repudiaría[159]. Y, finalmente, entre estos modos de "promoción" utilizados por las tabacaleras está el *lobbying*[160] y otras estrategias diversa naturaleza[161].

Hasta hace pocos años la industria tabacalera ha presentado ante la opinión pública su imagen del tabaco sin restricción alguna. Desde el segundo tercio del siglo XX la industria ha querido vincular el tabaco

---

vol. 362, núm. 9380, July 26, 2003, pp.258-259; C. P. Pechmann y C. F. Shih, "Smoking in Movies and Antismoking Advertisements Before Movies: Effects on Youth", en *Journal of Marketing*, 63, 1999, 1-13; M. Basil, "The Danger of Cigarette 'Special Placements' in Film and Television", en *Health Communication*, 9, 1997, pp. 190-198.

158. Cfr. J. R. Villabí-Hereter, "Tabaco y políticas del tabaco", en E. Becoña, *Libro blanco de la prevención del tabaquismo*, Glosa Ediciones, Barcelona, 1998, p. 256.

159. A. Bandura, "Social Cognitive Theory of Mass Communication", en J. Bryant y D. Zillmann (eds.), *Media Effects. Advances in Theory and Research*, Lawrence Erlbaum Associates, Hillsdale 1994, p. 73.

160. Cfr. M. Neuman, A. Bitton y S. Glantz, "Tobacco Industry Strategies for Influencing European Community Tobacco Advertising Legislation", en *The Lancet*, vol. 359, núm. 9314, April 13, 2002, pp. 1323-1330.

161. Me refiero aquí a la introducción ilegal de tabaco en la Unión Europea con el fin de evitar los impuestos, reducir su precio y así facilitar el acceso de nuevos consumidores (especialmente adolescentes) al mercado de los fumadores. Hay tales evidencias de ello que recientemente la Comisión Europea ha iniciado acciones judiciales contra algunas tabacaleras. Cfr., por ejemplo, J. R. Villabí-Hereter, "Tabaco y políticas del tabaco", en E. Becoña, *Libro blanco de la prevención del tabaquismo*, cit., pp. 255-256.

con valores atractivos con el fin de incrementar el volumen de consumidores. Las cuestiones relativas a la salud han sido obviadas, salvo para realzar el valor de un producto, como por ejemplo las marcas de tabaco más suave o con menos nicotina. Cuando las evidencias científicas llevaron a las autoridades a regular la publicidad del tabaco obligando a advertir de los daños del consumo, la industria intentó primero minimizarlos y después ofrecer por diferentes procedimientos una imagen que no se correspondía con lo científicamente demostrado y lo legalmente exigido. La presión social aumentó y los gobiernos incrementaron sus controles sobre el comercio de cigarrillos. La publicación de documentos internos de la industria tabacalera de Estados Unidos e Inglaterra ha hecho perder credibilidad a la industria como actor que genera conocimiento público sobre sus productos. Más aún, ha dejado claro que, si no en todos, sí en muchos casos, las compañías tabacaleras han utilizado y utilizan valores como la igualdad de sexos, el patriotismo, la juventud o, incluso el respeto a los no fumadores, no por sí mismos ni por sentido de responsabilidad social, sino con la única finalidad de hacer negocio, de incrementar las ventas.

La libertad de percepción, garantizada por el gobierno y la posibilidad de expresión de las propias creencias, fruto de la capacidad creativa del arte, como expone Gerbner en su modelo[162], se dan en la comunicación comercial llevada a cabo por la industria del tabaco. Pero ¿cuál es su aportación al conocimiento público de

162. Cfr. G. Gerbner, "Toward...", cit., pp. 196-197.

la realidad del tabaco? En muchas ocasiones, especialmente en los últimos años, la industria ha sido muy
fértil en su capacidad creativa y muy estéril en su
capacidad comunicativa: ha creado más imagen que
conocimiento, ha formulado productos que no se
correspondían con ninguna realidad, sin representar
la realidad con "verdad, como la cualidad ideal que
relaciona las afirmaciones con los hechos"[163].

8 CIENCIA, POLÍTICA Y MEDIOS

Ya hemos visto que el tabaco, desde los primeros años
de su introducción en Europa, despertó controversias:
en el siglo XVI Fray Bartolomé de las Casas criticó el
consumo de tabaco porque se convertía en un vicio
difícil de erradicar y varios médicos y químicos anti-
guos también hablaron —con mayor o menor fundamento— de los peligros del tabaco para la salud. Pero
hasta el siglo XIX el tabaco, a pesar de ser popular, no
era consumido masivamente. Hasta la revolución
industrial y la aparición de la sociedad de masas
principalmente urbana no se puede hablar del
consumo de tabaco, y concretamente de cigarrillos,
como realidad que permeaba todas las capas sociales,
culturales y económicas de todo el globo. Es también a
partir de ese momento cuando la investigación médica,
ya dotada de métodos y técnicas de diagnóstico e
investigación relativamente avanzadas, comienza a
establecer las primeras relaciones entre el consumo de
tabaco y determinadas enfermedades, especialmente
algunos tumores como el de labios o lengua entre los
fumadores de pipa, el de nariz entre los aspiradores de

163. G. Gerbner, "Toward...", cit., p. 196.

rapé y el de pulmón entre los fumadores de cigarrillos.

a) Hacia la evidencia médica

Sin embargo, hasta mediados del siglo XX no se alcanzaron conclusiones definitivamente consistentes sobre la relación entre tabaco y mortalidad o enfermedad. "En la década de 1940 y en los primeros años de la de 1950 se comenzaron a acumular pruebas procedentes de variadas fuentes y estudios que mostraban la asociación entre fumar cigarrillos y la mortalidad general. Primero, estudios retrospectivos y, más tarde, estudios prospectivos de grandes dimensiones confirmaron que fumar está asociado con índices de mortalidad más altos y que los excesos de mortalidad eran especialmente pronunciados en las enfermedades coronarias y el cáncer de pulmón"[164]. Desde entonces hasta nuestros días la ciencia no ha hecho sino acumular pruebas sobre la relación, no sólo estadística sino causal, que existe entre el consumo de tabaco y el desarrollo de diversos tipos de cáncer, enfermedades cardiovasculares y cerebrovasculares, así como enfisema, bronquitis y otras enfermedades del aparato respiratorio, etc.

Sin embargo, en ese primer momento sólo la prensa, y tímidamente, se hizo eco de esas investigaciones. En 1952 *Reader's Digest* publicó un artículo titulado "Cancer by the Carton"[165] (cáncer por el cartón), en el que se hacía un resumen de algunas de las investigaciones mencionadas. La preocupación popular fue clara, pero tuvo un escaso reflejo en el consumo de

164. U.S. Department of Health and Human Services, *Reducing Tobacco Use: A Report of the Surgeon General*, cit., p. 38.
165. R. Norr, "Cancer by the Carton", en *Reader's Digest* 1952, 368, pp. 7-8.

tabaco. Por otra parte, las asociaciones ciudadanas (la Unión de Consumidores, o la American Cancer Society) comenzaron a centrar su atención en el tabaco como posible causa de enfermedades, pero no se atrevieron a recomendar con firmeza el abandono del hábito de fumar.

En 1962, nuevamente la revista *Reader's Digest* publicó un resumen sobre nuevas investigaciones acerca de las consecuencias negativas del tabaco[166], de tal manera que en los primeros años de la década de 1960 existía en la opinión pública estadounidense un clamor por que el *Surgeon General* investigara a fondo la relación entre tabaco y salud, informara a los ciudadanos y que las autoridades adoptaran las medidas oportunas. En 1962 se constituyó una comisión compuesta por representantes de las asociaciones médicas, de las principales agencias del gobierno, de las asociaciones ciudadanas relacionadas con la salud y un representante de la industria del tabaco. Y en 1964 se publicó el informe[167] de este comité que aceptaba lo que la investigación médica venía señalando: que fumar causa enfermedades muy graves.

b) Los medios de comunicación y la difusión del conocimiento científico sobre el tabaco

Es interesante hacer una breve digresión sobre el hecho de que la investigación médica sólo tuviera

---

166. L. M. Miller, "Lung Cancer and Cigarettes. The Latest Findings", en *Reader's Digest*, 482, 1962, pp. 45-50.
167. US Department of Health, Education, and Welfare, *Smoking and Health: Report of the Advisory Committee to the Surgeon General of the Public Health Service*, cit.

efecto en la vida ciudadana —actitudes y comportamientos— y captara la atención de la política por su reflejo en los medios de comunicación, aunque fuera someramente. El caso es que, a partir del momento en que la investigación médica es difundida por los medios, la opinión pública empezó a interesarse por la cuestión de la relación entre consumo de tabaco y salud. Y, como consecuencia de ello, también las autoridades de los Estados Unidos comenzaron a prestar más atención y a adoptar medidas al respecto.

No deja de ser interesante esta "alianza" entre comunicación y medicina, por otra parte bastante natural, si tenemos en cuenta que ambas tienen su razón de ser en la difusión de conocimiento[168]. Hoy en día nadie en el ámbito de la ciencia médica o de la salud pública duda de que la comunicación es un instrumento inexcusable para la promoción de la salud. Ello exige "rigor, claridad y exactitud"[169] a los comunicadores e implica que el profesional de los medios "debe tener en cuenta los intereses y necesidades de la audiencia, ya que se trata de ofrecer una correcta transmisión de los mensajes especializados en función de los sujetos receptores"[170]. La comunicación de masas, en este caso, ha contribuido de modo decisivo a la configuración de un nuevo concepto de salud más orientado a la prevención y al bienestar y no sólo a la curación.

168. Es interesante en este punto el concepto de difusión de las innovaciones. Cfr. E. M. Rogers, *Diffusion of Innovations*, Free Press, Nueva York, 1983.
169. F. Esteve Ramírez y J. Fernández del Moral, *Áreas de especialización periodística*, Fragua, Madrid, 1999, p. 267.
170. J. Fernández del Moral y F. Esteve Ramírez, *Fundamentos de la información periodística especializada*, Síntesis, Madrid, 1996, p. 101.

Son muchos los que consideran que los medios de comunicación son portadores de una especial función pública, independientemente de la naturaleza de su propiedad. No es lo mismo una empresa de comunicación que cualquier otra sociedad mercantil, ya que aquélla tiene un papel preponderante en el sistema democrático de convivencia, que se apoya, precisamente, en el conocimiento de la realidad pública por parte de los ciudadanos como requisito indispensable para la libre toma de decisiones, tanto en las cosas que se refieren al gobierno de la comunidad como a las referida a la vida personal[171]. Eso explica que, por una parte, toda democracia garantice constitucionalmente el ejercicio de la libre expresión. Y también que ciudadanos, asociaciones y gobiernos expresen su malestar o desacuerdo cuando los medios —especialmente aquellos a los que el estado ha concedido una frecuencia en el limitado espectro— se guían *exclusivamente* por los beneficios económicos que su actividad pueda reportarles sin tener en cuenta los beneficios sociales de los que se hicieron depositarios al asumir esa frecuencia[172].

Los medios tienen, y habitualmente cumplen, una función pública. Buena prueba de ello que, hoy en día, los conocimientos que la investigación médica alcanza sobre la influencia de sustancias y hábitos de vida en la salud —como los conocimientos sobre tantas otras

171. Es conocida y sigue siendo actual en este sentido la llamada Teoría de la responsabilidad social. Véase R. M. Hutchins, *A Free and Responsible Press. Final Report. Commission on Freedom of the Press*, The University of Chicago Press, Chicago, 1947.
172. Son interesantes las ideas que ofrece al respecto D. McQuail, *La acción de los medios. Los medios de comunicación y el interés público*, Amorrortu, Buenos Aires, 1998.

cuestiones— llegan a la población general y las personas adoptan o no cambios en su estilo de vida para prevenir la enfermedad o mejorar su salud. Pero sería ingenuo ignorar la dificultad de esa tarea para los medios de comunicación que operan con la presión del mercado capitalista[173]. Existen disfunciones como el sensacionalismo, la publicidad encubierta o la creación infundada de alarma social[174]: "Los medios de comunicación se contentan cada vez menos con reflejar y comentar los acontecimientos que se producen de forma natural en la actualidad. Son propensos a ampliarlos; en buena medida, a deformarlos, a fin de diferenciarse entre sí, en ese panorama de dura competencia en el que viven"[175].

Aunque en ocasiones las disfunciones se deben a la presión que ejerce la industria tabacalera sobre todos los actores[176] —y no por ello carecen los medios de responsabilidad—, en otras ocasiones se debe a la poca calidad del trabajo comunicativo: bien sea por falta de recursos materiales o humanos, bien por falta de tiempo, bien por falta de una adecuada formación de quienes lo realizan.

A pesar de los pesares, la historia muestra el servicio que prestan los medios de comunicación al convertirse

173. Cfr. M. Martín Algarra, "Capitalismo y crisis funcional de los medios de comunicación", en *Estudios de periodística*, 7, 1999, pp. 315-326.
174. Cfr. F. Esteve Ramírez y J. Fernández del Moral, *Áreas de especialización periodística*, Fragua, Madrid, 1999, p. 268.
175. M. P. Diezhandino, *Periodismo de servicio. La utilidad como complemento informativo en* Time, Newsweek *y* U. S. News and World Report *y unos apuntes del caso español*, Bosch, Barcelona, 1994, p. 26.
176. Público, medios, científicos, políticos, líderes sociales, etc. Cfr. "Framework of Tobacco Industry Tactics" en U.S. Department of Health and Human Services, *Reducing Tobacco Use: A Report of the Surgeon General*, cit., p. 44.

en uno de los principales impulsores de "reformas sociales, económicas y políticas"[177] en la vida pública.

c) *Los organismos públicos como garantes*

Las autoridades públicas no reaccionaron con tanta rapidez como los medios de comunicación ante los hallazgos de la investigación médica sobre la relación entre el consumo de tabaco y la mortalidad y enfermedad. En los Estados Unidos, las Cámaras y el Gobierno federal tomaron sus primeras decisiones doce años después de que *Reader's Digest*[178] publicara en 1952 el primer artículo sobre la investigación médica acerca de la cuestión, una vez que se presentó el primer informe del *Surgeon General* en 1964. El tabaco tenía un uso social tan arraigado y extendido que los miembros de las cámaras que participaban en las comparecencias parlamentarias de los expertos que habían elaborado el Informe de 1964 hacían bromas sobre si sería peligroso encender su pipa o fumarse un cigarrillo durante la comparecencia. Además de los congresistas y senadores, el mismo *Surgeon General*, el director del Instituto Nacional del Cáncer (NCI) y otros expertos comparecientes eran fumadores, y así se encargaron de dejarlo claro los congresistas ante los que comparecían[179], con el consiguiente argumento para los fumadores: si los que cuidaban de su salud no dejaban de fumar no debía ser tan malo.

---

177. M. P. Diezhandino, *Periodismo de servicio. La utilidad como complemento informativo en* Time, Newsweek *y* U. S. News and World Report *y unos apuntes del caso español*, cit., p. 61.
178. R. Norr, "Cancer by the Carton", cit., pp. 7-8.
179. Cfr. U.S. Department of Health and Human Services, *Reducing Tobacco Use: A Report of the Surgeon General*, cit., p. 41.

El resultado de estas comparecencias fue la Ley Federal de etiquetado y publicidad de cigarrillos, aprobada en 1965, que imponía unos mensajes relativamente ambiguos, en contra de la propuesta del *Surgeon General*, y lo que es peor, la misma ley del 65 prohibía cualquier otra restricción a la publicidad de cigarrillos hasta la fecha de expiración de la ley el 10 de junio de 1969. No es extraño que el Dr. Terry, uno de los *Surgeon General* de esos años, dijera que la ley de 1965 había sido "un engaño para el pueblo de los Estados Unidos"[180].

Dejar de fumar no es fácil —ni para médicos ni para nadie— porque es un fenómeno complejo. La adicción provocada por la nicotina es un elemento importante, pero junto a ella hay elementos como el arraigo psicológico y cultural de un hábito, o el modo como son transmitidos los nuevos conocimientos que hacen valorar en menor medida hechos claramente contrastados por la ciencia. Los seres humanos no siempre adoptamos los cambios que exigen nuevas informaciones bien probadas, incluso cuando esos cambios son favorables para nosotros[181].

A la vista de la reacción de los políticos ante los datos de la investigación médica y de la complejidad de la naturaleza humana para adoptar ciertos cambios de comportamiento, se entiende la dificultad que tiene abandonar el hábito tabáquico y la importancia de la ayuda de las autoridades sanitarias para que lo haga el

---

180. U.S. Department of Health and Human Services, *Reducing Tobacco Use: A Report of the Surgeon General*, cit., p. 41.
181. Cfr. M. Schudson, *Advertising, the Uneasy Persuasion: Its Dubious Impact on American Society*, cit., pp. 186-187.

mayor número posible de personas. No pueden limitarse a reducir la mortalidad y la morbilidad producidas por el tabaco: también tienen que prevenirlas, proteger la salud de los que están sanos y los derechos de los no fumadores. Los ámbitos de acción de los gobiernos son, por tanto, la sanidad —esto es, los instrumentos materiales y el personal necesario para garantizar la salud— y la legislación sobre la producción, elaboración, comercio, promoción y consumo de tabaco.

Puesto que en este caso son las autoridades públicas las promotoras del cambio tienen a su disposición, además de la difusión de conocimiento, otros instrumentos para lograrlo. Pueden, por ejemplo, aplicar el llamado "paradigma de las tres e" (*education, engineering* y *enforcement*), pensado inicialmente para la protección de los bosques del mal uso por parte del público. Los gobiernos pueden utilizar en su política la educación, la ingeniería y la aplicación forzosa. Como señala Paisley, "las campañas de comunicación pública sobre la naturaleza, el vandalismo y la contaminación de los bosques, etc. constituyen la parte educativa de esta tríada [*education*]. Las autoridades forestales tratan también de hacer bosques 'a prueba de gente' sin limitar el acceso: pueden construir lugares para acampar en los que se pueda hacer fuego sin peligro, e instalar elementos fijos, como los indicadores de los caminos, que sean de acero, y, por tanto, difíciles de romper [*engineering*]. Si el público continúa dañando el bosque, se pone en marcha la aplicación forzosa [*enforcement*]: las autoridades forestales pueden prohibir el acceso, exigir permisos para hacer fuego, perseguir a los vándalos, etc."[182]. Los diversos momentos históricos, la educación de los ciudadanos y los modos de concebir el ejercicio del poder desde el gobierno han dado más o menos preponderancia a unos mecanismos de cambio sobre otros. Este paradigma es una buena muestra de la relación que se da entre los diversos instrumentos para el cambio que se utilizan en las campañas realizadas desde la perspectiva de la política: la comunicación forma parte de un plan más general que puede incluir también otros mecanismos de cambio (*engineering* y *enforcement*).

Los gobiernos han aplicado estos tres tipos de acción al tabaco[183]. Los tres, de una manera u otra, contribuyen a ofrecer una percepción del tabaco más adecuada a la realidad que permite conocer la investigación médica y que contrarreste la imagen de esa misma realidad creada por la industria tabacalera, así como la presión a que ésta somete a los ciudadanos. La necesidad de intervención de las autoridades no es sólo una cuestión de salud pública, lo es también de igualdad de acceso al conocimiento[184]: el poder que la industria del tabaco ha alcanzado llega hasta el límite de haber puesto en peligro de derecho ciudadano a conocer la verdad sobre el consumo de tabaco y, con ello, su

---

182. W. Paisley, "Public Communication Campaigns: The American Experience", cit., p. 17.
183. Sobre las medidas adoptadas en los Estados Unidos cfr. el capítulo 5 del informe del *Surgeon General* de 2000: "Regulatory Efforts", en U.S. Department of Health and Human Services, *Reducing Tobacco Use: A Report of the Surgeon General*, cit. pp. 159-292.
184. Cfr. G. Gerbner, "Toward...", cit., p. 197.

misma libertad[185].

Los gobiernos y las organizaciones intergubernamentales han asumido el papel de promotores de las reformas precisas para ofrecer una información más completa del tabaco y sus efectos sobre la salud y también para proteger la salud de los ciudadanos. El *Convenio marco de la OMS para el control del tabaco*[186] de 2003 o la Directiva europea sobre publicidad y patrocinio de los productos del tabaco[187] son buena prueba de ello.

Junto a esas medidas legales, los estados y las organizaciones internacionales promueven también campañas de comunicación pública para informar y modificar las actitudes y los comportamientos con respecto al tabaco. Las campañas refuerzan las medidas legales y propician una mejor aceptación de las normas por parte de los ciudadanos. Como fruto de esas estrategias de comunicación han ido apareciendo iniciativas globales, como el Día mundial sin tabaco[188], e innumerables iniciativas locales.

Uno de los principales objetivos de estas campañas debe ser la creación de nuevos iconos en torno al

185. Ese poder procede de la ingente cantidad de recursos económicos que tiene la industria para intimidar, pleitear, financiar partidos políticos, sindicatos y otro tipo de grupos, etc. Cfr. Advocacy Institute, *By Hook or by Crook: Stealth Lobbying. Tactics and Counter Strategies,* Advocacy Institute, Washington, 1995.
186. Organización Mundial de la Salud, *Convenio marco de la OMS para el control del tabaco,* cit.
187. "Directiva 2003/33/CE del Parlamento Europeo y del Consejo, de 26 de mayo de 2003, relativa a la aproximación de las disposiciones legales, reglamentarias y administrativas de los Estados miembros en materia de publicidad y de patrocinio de los productos del tabaco", en *DOCE*, 152, de 20 de junio de 2003.
188. Véase <https://www.who.int/es/campaigns/world-no-tobacco-day> (22/08/24).

tabaco. Es necesario sustituir del imaginario social los valores que a lo largo de medio milenio se han asociado al tabaco —de los que hemos hablado ya— y mostrar los valores reales que la investigación médica y la vida misma demuestran que lleva consigo el tabaco: valores relacionados con la salud: cáncer, enfermedad, insalubridad, insolidaridad, irresponsabilidad con los hijos; valores de la convivencia: olor corporal, aliento, suciedad, ambiente cargado; otros como la adicción, el gasto económico, etc.

Estas campañas tienen además efectos sobre la sociedad civil, pues estimulan su capacidad comunicadora, refuerzan las convicciones saludables y crean hábitos sociales que favorecen la progresiva generación de una cultura sin humo. Un ejemplo claro y amable de esto fue la decisión del dibujante belga Maurice de Bévère, más conocido como Morris, de sustituir el perenne cigarrillo que pendía de los labios del famoso Lucky Luke —su personaje más conocido— por una saludable brizna de hierba. Otro ejemplo —en este caso no tan agradable— es el de Jaume Perich Escala, el conocido humorista gráfico fallecido en 1995 a los 54 años. Perich era un fumador empedernido y en sus últimos meses de vida dibujó viñetas de humor muy ácido sobre el tabaco. También en el campo del humor, esta vez no tan negro, la reflexiva Mafalda hace pensar a su padre sobre lo absurdo de que el cigarrillo lo consuma a él mientras él consume un cigarrillo.

Hay otros ejemplos también muy impactantes de cómo el conocimiento ayuda a movilizar a los ciudadanos para promover el abandono del tabaco. El famoso actor Yul Brynner, que murió en octubre de 1985 a los

65 años de cáncer de pulmón, quiso advertir a la gente sobre el mortífero hábito de fumar. Durante una entrevista que le hicieron en el programa de televisión "Good Morning America", teniendo ya el diagnóstico y el pronóstico de su enfermedad, declaró: "Cuando supe que estaba enfermo y que tenía tan poco tiempo de vida... realmente quise hacer un anuncio... Diría... Ahora que me he muerto te lo digo: no fumes. Hagas lo que hagas no fumes... Si yo pudiera dar marcha atrás con todo lo que he fumado no estaríamos hablando ahora de cáncer alguno"[189]. Contando con el permiso de la familia de Brynner, la American Cancer Society produjo un anuncio de televisión con esas imágenes.

Por último, hay que mencionar las posibilidades que en este tema ofrecen los medios públicos. Independientemente de cómo estén configurados, los medios públicos de los distintos países son un instrumento de comunicación política en todo lo referido a la salud. Sus directivos, en mayor medida que los de otros medios, tendrían que ser especialmente sensibles a este tema, y las autoridades sanitarias deberían utilizar ese recurso público para promover la salud.

9 RETORNO A GERBNER

Tener puntos de partida, valores, axiomas, es una condición necesaria para que los hallazgos de la investigación sean coherentes, tengan sentido y de ese modo contribuyan al incremento del conocimiento. Gerbner afirmaba que la Teoría de la comunicación tiene que

---

189.   <https://www.latimes.com/archives/la-xpm-1986-02-20-ca-10075-story.html> (22/08/24) y <https://www.youtube.com/watch?v=JNjunl WUJJI> (22/08/24).

apoyarse en determinados criterios si no quiere quedar reducida a la formulación de un "conjunto de técnicas de manipulación"[190]. La Teoría de la comunicación puede formular los criterios y valores en los que anclar la investigación y el saber sobre la comunicación en los cambios que aquélla produce en el conocimiento. Asimismo, el incremento del conocimiento público será el resultado del correcto funcionamiento de la comunicación pública, que se alcanzará según Gerbner siempre que el gobierno garantice la posibilidad de acceso a los acontecimientos públicos, siempre que las artes permitan la expresión de las propias creencias, y siempre que la ciencia verifique la veracidad de los juicios que se vierten al espacio público, lo que, a su vez, permitirá que la percepción de los asuntos públicos sea más válida[191].

El tabaco ha captado la atención pública desde su llegada a Europa a finales del siglo XV. Lo que al principio no fue más que una curiosidad, se convirtió luego en una moda de las Cortes europeas para acabar siendo el núcleo de un negocio que afecta a millones de personas de todas las edades y condiciones de los cinco continentes. El peso del negocio del tabaco es tal que durante decenios ha desequilibrado la capacidad ciudadana de percibir el tabaco: sólo nos ha llegado como un producto cotidiano, que llevaba a unos momentos placenteros, incluso con leves efectos terapéuticos. Esa imagen fue reforzada por la comunicación comercial y por otras estrategias de ingeniería social. El conocimiento público del tabaco era, por tanto, parcial e

190. G. Gerbner, "Toward...", cit., p. 195.
191. Cfr. G. Gerbner, "Toward...", cit., p. 196.

incompleto.

La ciencia comenzó desde antiguo a advertir de las repercusiones negativas del tabaco para la salud. Sólo cuando a mediados del siglo XX los medios de comunicación comenzaron a hacerse eco de estos hallazgos, la sociedad civil estuvo en condiciones de inquirir a las autoridades sobre la cuestión. A partir de ese momento, por la acción de los medios que pusieron su creatividad —el arte— a disposición de otro tipo de valoraciones sobre el tabaco, la opinión pública pudo percibir facetas hasta entonces desconocidas sobre el consumo de tabaco. El conocimiento público de la realidad se incrementó porque la comunicación pública mejoró.

El fruto de ese mejor conocimiento de la realidad del tabaco fue la acción del gobierno y las demás autoridades en defensa de la salud, es decir, una verdadera acción política que redunda en beneficio de la comunidad. Las acciones de los gobiernos han querido ser vistas por algunos como intromisiones en la libertad de acción y de expresión. En realidad, son intentos —aún no del todo satisfactorios— de alcanzar un reequilibrio tanto en la capacidad de acceder a la realidad del tabaco, mejor conocido gracias a la investigación científica, como a las posibilidades de expresar las propias creencias fruto del conocimiento de lo percibido.

El conocimiento de la realidad es un axioma de la comunicación. Cuando en la relación social se incrementa el desconocimiento —como ocurre, por ejemplo, en la publicidad subliminal y tramposa— también aumenta el aislamiento, quebrándose en alguna medida la sociedad misma.

Algunas conclusiones

1. La investigación teórica, incluso la más básica, aporta a los modos de investigación empíricos y a los aplicados a realidades concretas criterios y normas —axiomas— que incrementan el valor de sus resultados.

2. Lo que invalida los resultados de la investigación —mucho menos en la investigación teórica— no es el transcurso del tiempo sino la falta de calidad de esos resultados o la incapacidad del investigador para hacer lecturas nuevas de lo antiguo. Los clásicos son los autores u obras que arrojan luz sobre los problemas de los hombres de cualquier época, lo que hace necesario acudir a ellos con frecuencia.

3. El modelo general de la comunicación de George Gerbner supera el funcionalismo de otras propuestas. Es de especial interés la parte tal vez más desconocida de su aportación: la orientación a los valores y a las nociones normativas.

4. La comunicación está imbricada con las cuestiones públicas por el acceso y mejora del conocimiento de la verdad que implica; por la difusión eficaz y más creíble de ese mejor conocimiento de la realidad (comunicación mediática y persuasiva); y por la acción de gobierno en sus dimensiones informativa, educativa e incluso persuasiva (comunicación política y campañas de comunicación pública).

5. Si las tecnologías de la comunicación de masas en ocasiones permitían un control de los medios que dificultaba o incluso impedía a los ciudadanos su derecho a la participación en el debate público, el crecimiento de la sociedad civil se ha fortalecido por su presencia institucional en los medios y de las campañas de comunicación promovidas por ciudadanos, asociaciones y organizaciones no gubernamentales.

6. Las nuevas tecnologías de la comunicación ofrecen además la extensión del espacio público e incrementan la posibilidad de participación individual en el debate público por medio de la comunicación interpersonal tecnológicamente mediada.

7. El caso del tabaco, una realidad presente en el mundo occidental desde hace más de quinientos años, permite aplicar la propuesta axiológica del modelo general de comunicación de George Gerbner. El conocimiento que la comunicación ha generado sobre el tabaco es fruto de la libertad para percibir esa realidad desde múltiples puntos de vista, de la capacidad de expresar creencias sobre lo percibido y de la información verdadera que esas creencias expresan sobre la realidad. La diversidad de dinámicas y fuerzas interesadas implicadas en la presencia social del tabaco no ha dejado de generar el conocimiento que explica la actitud pública hacia esa realidad. Puede decirse que el modelo general de la comunicación de George Gerbner anuncia las ideas que están en la base de la teoría del cultivo.

Fuentes consultadas

Figuran a continuación algunas de las fuentes consultadas para en esta investigación. Están divididas en tres grupos: fuentes bibliográficas y hemerográficas, independientemente de que su soporte sea de papel o electrónico; sitios en internet; y otras fuentes.

Fuentes bibliográficas

ADVOCACY INSTITUTE, *By Hook or by Crook: Stealth Lobbying. Tactics and Counter Strategies,* Advocacy Institute, Washington, 1995.

BANDURA, A. "Social Cognitive Theory of Mass Communication", en J. BRYANT y D. ZILLMANN (eds.), *Media Effects. Advances in Theory and Research,* Lawrence Erlbaum Associates, Hillsdale 1994, pp. 61-90.

BASIL, M., "The Danger of Cigarette 'Special Placements' in Film and Television", en *Health Communication,* 9, 1997, pp. 190-198.

BERGANZA CONDE, R., *Comunicación, opinión pública y prensa en la sociología de Robert E. Park,* CIS/Siglo XXI, Madrid, 2000.

BERGER, A. A., *Essentials of Mass Communication Theory,* Sage, Thousand Oaks, 1995.

BERNAYS, E. L., *Biography of an Idea: Memoirs of Public Relation Counsel Edward L. Bernays,* Simon and Schuzter, Nueva York, 1965.

BERTALANFFY, L. von, *Teoría general de los sistemas: fundamentos, desarrollo, aplicaciones,* Fondo de Cultura Económica, México, 1976.

BORDIN, R., *Women and Temperance: The Quest for Power and Liberty, 1873-1900,* Rutgers University Press, New Brunswick, 1990.

BORIO, G., "The History of Tobacco", en *Tobacco Collectives,* <https://tobaccocollectibles.co.uk/the-history-of-tobacco> (22/08/24).

BURGOON, J. K. y HALE, J. L., "The Fundamental Topoi of Relational Communication", en *Communication Monographs*, 51, 1984, pp. 193-214.

CABRERA INFANTE, G., *Puro humo*, Alfaguara, Madrid, 2000.

CARRINGTON GOODRICH, L., "Early Prohibitions of Tobacco in China and Manchuria", en Journal of the American Oriental Society, vol. 58, núm. 4, 1938, pp. 648-657.

MINTZ, J. y TORRY, S., "Internal R.J. Reynolds Documents Detail Cigarette Marketing Aimed at Children", The Washington Post, January 15, 1998, p. A01.

COLBY, L. A, *In Defense of Smokers*, en <https://web.archive.org/web/20031008165017/http://www.lcolby.com/pdf/book.pdf> (22/08/24).

COLÓN, C., *Diario de a bordo*, introducción, apéndice y notas de V. Muñoz Puelles, Ediciones Generales Anaya, Madrid, 1985.

COLÓN, C., *Relaciones y cartas*, Librería de la viuda de Hernando y Compañía, Madrid, 1892.

CRAIG, S., "'Torches of Freedom': Themes of Women's Liberation in American Cigarette Advertising", Comunicación presentada en la Convención de la División de Estudios de Género de la Asociación Sudoeste/Texas de Cultura Popular, Alburquerque, 1999. <https://www.researchgate.net/publication/22893488 5_Torches_of_Freedom_Themes_of_Women's_Liberation_i n_American_Cigarette_Advertising> (22/08/24).

DALTON, M. A., SARGENT, J. D., BEACH, M. L., TITUS-ERNSTOFF, L., GIBSON, J. J., AHRENS, M. B., TICKLE, J. J. y HEATHERTON, T. F., "Effect of Viewing Smoking in movies on Adolescent Smoking Invitation: A Cohort Study", en *The Lancet*, vol. 362, núm. 9380, July 26, 2003, pp. 281-285.

DE JAIME LORÉN, J. M. y DE JAIME RUIZ, P., "Ácido nicótinico, ácido oxinicótico, nicotina, nicoletlina, nicotiana, nicotina, nicotinamida, nicotinell, nicotinismo, nicotirina, nicotol, oxinicotina", en *Epónimos científicos*, 2011, en <https://blog.uchceu.es/eponimos-cientificos/acido-nicotinico-acido-oxinicotinico-nicoteina-nicotelina-nicotiana -nicotianina-nicotinanicotinamida-nicotinell-nicotinismo-nicotirina-nicotol-oxinicotina> (22/08/24).

DEVITO, J. A., *The Interpersonal Communication Book*, Longman, Nueva York, 1998.

DIEZHANDINO, M. P., *Periodismo de servicio. La utilidad como complemento informativo en* Time, Newsweek *y* U. S. News and World Report *y unos apuntes del caso español*, Bosch, Barcelona, 1994.

DIFRANZA, J. R., RICHARDS, J. W., PAULMAN, P. M., WOLFGILLESPIE, N., FLETCHER, C., JAFFE, R. D. y MURRAY, D., "RJR Nabisco's Cartoon Camel Promotes Camel Cigarettes to

Children", en *Journal of the American Medical Association*, 266, 1991, pp. 3149-3153.

DOLL, R. y HILL, A. B., "Smoking and carcinoma of the lung; preliminary report", *British Medical Journal*, Sep. 30; 2 (4682), 1950, pp. 739-748.

DOLL, R. y HILL, A. B., "The Mortality of Doctors in Relation to Their Smoking Habits", *British Medical Journal*, Jun. 26; 1 (4877), 1954, pp. 1451-1455.

ESS, C. (ed.), *Philosophical Perspectives on Computer-Mediated Communication*, State University of New York Press, Albany, 1996.

ESTEVE RAMÍREZ, F. y FERNÁNDEZ DEL MORAL, J., *Áreas de especialización periodística*, Fragua, Madrid, 1999.

EZQUERRA ABADÍA, R., "Los descubrimientos colombinos (primeros viajes)", en *Historia general de España y América, VII*, Rialp, Madrid, 1991, pp. 80-119.

FASS, P., *The Damned and the Beautiful: American Youth in the 1920's*, Oxford University Press, Nueva York, 1977.

FERNÁNDEZ DEL MORAL, J. y ESTEVE RAMÍREZ, F., *Fundamentos de la información periodística especializada*, Síntesis, Madrid, 1996.

FISHER, B. A., *Perspectives on Human Communication*, Macmillan, Nueva York, 1978.

GERBNER, G., "Toward a General Model of Communication", en *Audio Visual Communication Review*, 4, 1956, 171-199.

GERBNER, G., "Advancing the Path of Righteousness (Maybe)", en N. SIGNORELLI y M. MORGAN, *Cultivation Analysis: New Directions in Media Effects*, Sage, Newbury Park, 1990, pp. 249-262.

GERBNER, G., GROSS, L., MORGAN, M. y SIGNORELLI, N., "Living with Television: The Dynamics of the Cultivation Process", en J. BRYANT y D. ZILLMANN (eds.), *Perspectives on Media Effects*, Lawrence Erlbaum Associates, Hillsdale, 1986, pp. 17-40.

GLANTZ, S. A. y BALBACH, E. D., *Tobacco War: Inside the California Battles*, University of California Press, Berkeley, 2000.

GLANTZ, S. A., "Smoking in Movies: A Major Problem and a Real Solution", en *The Lancet*, vol. 362, núm. 9380, July 26, 2003, pp. 258-259.

GLANTZ, S. A., SLADE, J., BERO, L. A., HANAUER, P. y BARNES, D. E., *The Cigarette Papers*, University of California Press, San Francisco, 1998.

HASTINGS, G. B., AITKEN, P. y McINTOSH, A. M., "Children Smoking and Advertising: The Evidence is There for Those Who Wish to See it", en *International Journal of Advertising*, 1, 1994, pp. 195-201.

HASTINGS, G. y MACFADYEN, L., *Keep Smiling. No One is Going to Die. An Analysis of Internal Documents from the Tobacco Industry's Main UK Advertising Agencies*, Centre for Tobacco Control Research (CTCR), University of Strathclyde, Londres, 2000.

HATCHER, W. C., "Caddy Labels and Tin Tags: A Colorful History of the Marketing of American Tobacco" en *North Carolina Farm Bureau News*, 9, 1998.

HERRING, S. C., (ed.), *Computer-Mediated Communication: Linguistic, Social and Cross-Cultural Perspectives*, John Benjamins, Philadelphia, 1996.

HUTCHINS, R. M., *A Free and Responsible Press. Final Report. Commission on Freedom of the Press*, The University of Chicago Press, Chicago, 1947.

JOHNSON, F. C. y KLARE, G. R, "General Models of Communication Research: A Survey of a Decade", en *Journal of Communication*, 11, 1961, pp. 13-26.

JONES, S. G., *CyberSociety 2.0: Revisiting ComputerMediated Communication and Community*, Sage, Thousand Oaks, 1998.

KATZ, E., PETERS, J. D., LIEBES, T. y ORLOFF, A. (eds.), *Canonic Texts in Communication Research. Are There any? Should There Be? How about These?*, Polity Press, Cambridge, 2003.

KLUGER, R., *Ashes to Ashes: America's Hundred-Year Cigarette War, the Public Health and the Unabashed Triumph of Philip Morris*, Knopf, Nueva York, 1996.

KNAPP, M. L. y MILLER, G. R. (eds.), *Handbook of Interpersonal Communication*, Sage, Thousand Oaks, 1994.

LASSWELL, H., "The Structure and Function of Communication in Society", en L. BRYSON (ed.), *The Communication of Ideas*, Harper and Brothers, Nueva York, 1948, pp. 37-51.

LITTLEJOHN, S. W., *Theories of Human Communication*, Wadsworth Publishing Company, Belmont, 1996.

LÓPEZ-ESCOBAR, E., "Presentación. En el centenario de Paul Lazarsfeld (1901-1976)", en *REIS*, 95, 2001, pp. 181-210 (incluye la traducción del memorándum inédito, fechado en junio de 1940 con el título *Research in Mass Communication*. Está firmando por Lyman Bryson, Lloyd A. Free, Geoffrey Gorer Harold D. Lasswell, Paul F. Lazarsfeld, Robert S. Lynd, John Marshall, Charles A. Siepmann, Donald Slesinger y Douglass Waples y es el resultado de una serie de conversaciones mantenidas por los autores bajo los auspicios de la Fundación Rockefeller en la ciudad de Nueva York durante los años 1930 y 1940).

LÓPEZ-ESCOBAR, E., "Presentación. Eduard A. Ross: un temprano diagnóstico de la prensa capitalista", en *REIS*, 94, 2001, pp. 187-202 (incluye la traducción del artículo de Ross "The

Suppression of Important News", publicado en 1910 en la revista *Atlantic Monthly*).

LLANO, A. *Humanismo cívico*, Ariel, Barcelona, 1999.

MARSHALL, Thomas R., *Public Opinion, Public Policy, and Smoking. The Transformation of American Attitudes and Cigarette Use, 1890-2016*, Lexington Books, Lanham, MD, 2016).

MARTÍN ALGARRA, M., "Capitalismo y crisis funcional de los medios de comunicación", en *Estudios de periodística*, 7, 1999, pp. 315-326.

MARTÍN ALGARRA, M., *La comunicación en la vida cotidiana. La fenomenología de Alfred Schutz*, Eunsa, Pamplona, 1993.

MARTÍN ALGARRA, M., *Teoría de la comunicación: una propuesta*, Tecnos, Madrid, 2003.

MATSON, F. W. y MONTAGU, A. (eds.), *The Human Dialogue: Perspectives on Communication*, Free Press, Glencoe, 1967.

McQUAIL, D. y WINDAHL, S., *Modelos para el estudio de la comunicación colectiva*, Eunsa Pamplona, 1989.

McQUAIL, D., *Introducción a la teoría de la comunicación de masas*, Paidós, Barcelona, 2000.

McQUAIL, D., *La acción de los medios. Los medios de comunicación y el interés público*, Amorrortu, Buenos Aires, 1998.

MEKEMSON, C. y GLANTZ, S., "How the Tobacco Industry Built its Relationship with Hollywood", en *Tobacco Control*, 11, 2002, pp. 81-91.

MILLER, L. M., "Lung Cancer and Cigarettes. The Latest Findings", en *Reader's Digest*, 482, 1962, pp. 45-50.

MONARDES, N. de, *Historia medicinal de las cosas que se traen de nuestras Indias Occidentales* (3 vols.), Impresión de Antonio Escribano, Sevilla, 1574.

MONTANELLI, I., *Memorias de un periodista*, RBA, Barcelona, 2003.

MOSELLA, M.-C., "La publicidad de tabaco y los adolescentes", en J. R. VILLALBÍ y C. ARIZA (coord.), *El tabaquismo en España: Situación actual y perspectivas para el movimiento de prevención*, SESPAS, CNPT, Barcelona, 2000, pp. 91-133.

NEGROPONTE, N., *Being Digital*, Knopf, Nueva York, 1995.

NEUMAN, M., BITTON, A. y GLANTZ, S., "Tobacco Industry Strategies for Influencing European Community Tobacco Advertising Legislation", en *The Lancet*, vol. 359, núm. 9314, April, 13, 2002, pp. 1323-1330.

NORR, R., "Cancer by the Carton", en *Reader's Digest* 1952, 368, pp. 7-8.

PAISLEY, W., "Public Communication Campaigns: The American Experience", en R. E. RICE y C. ATKIN (eds.), *Public Communication Campaigns*, Sage, Newbury Park, 1990, pp. 15-41.

PARKER-POPE, T., "*Safer* Cigarettes: A History", en <www.pbs. org/wgbh/nova/cigarette> (22/08/24).

PECHMANN, C. P. y SHIH, C. F., "Smoking in Movies and Antismoking Advertisements Before Movies: Effects on Youth", en *Journal of Marketing*, 63, 1999, 1-13.

PETERS, J. D., "Institutional Sources of Intellectual Poverty in Communication Research", en *Communication Research*, 13, 1986, pp. 527-559.

PETERS, J. D., *Speaking into the Air: A History of the Idea of Communication*, University of Chicago Press, Chicago, 2000.

PETRONE, G., *Tobacco Advertising: The Great Seduction*, Schiffer Publishing, Atglen, 1996.

PIERCE, J. P. y GILPIN, E. A., "A Historical Analysis of Tobacco Marketing and the Uptake of Smoking by Youth in the United States 1890-1977", en *Health Psychology*, 14, 1995, pp. 500-508.

PIERCE, J., "Tobacco Industry Promotion of Cigarettes and Adolescents Smoking", en *Journal of the American Medical Association*, 279, 1998, pp. 511-515.

PROCTOR, R. N., *The Nazi War on Cancer*, Princeton University Press, Princeton, 2000.

REY LENNON, F., *Edward Bernays. El hombre que inventó las relaciones públicas*, Imagen, Buenos Aires, 1999.

RODRIGO ALSINA, M., *Teorías de la comunicación. Ámbitos, métodos y perspectivas*, Universitat Autònoma de Barcelona, Servei de Publicacions, Bellaterra, 2001.

RODRÍGUEZ, P., "Hollywood culpa a la telefonía móvil de su pésima taquilla veraniega", en *ABC*, 26/08/03, p. 39.

ROGER, J. (a cura di), *La Teoría dell'Informazione*, Societá Editrice Il Mulino, Bologna, 1974.

ROGERS, E. M., *Diffusion of Innovations*, Free Press, Nueva York, 1983.

SÁNCHEZ DE LA YNCERA, I., *La mirada reflexiva de George Herbert Mead. Sobre la socialidad y la comunicación*, CIS/Siglo XXI, Madrid, 1994.

SARRÍA SANTAMERA, A. y CORTÉS BLANCO, M. "La publicidad de tabaco en internet", en *Prevención del tabaquismo*, 4, 2002, pp. 143-144.

SCHUDSON, M., *Advertising, the Uneasy Persuasion: Its Dubious Impact on American Society*, Basic Books, Nueva York, 1984.

SEVERIN, W. J. y TANKARD jr., J. W., *Communication Theories: Origins, Methods and Uses in the Mass media*, Longman, Nueva York, 1992.

SHANNON, C. y WEAVER, W., *The Mathematical Theory of Communication*, Illinois University Press, Urbana, 1949.

SHEPHERD, G. J., "Building a Discipline of Communication", en *Journal of Communication*, 43, 1993, pp. 83-91.

SIMLEY, J., "Virginia Slims", en J. JORGENSEN (ed.), *Encyclopedia of Consumer Brands*, vol. 1, St. James, Detroit, 1994, p. 622-624.

SIVULKA, J., *Soap, Sex, and Cigarettes: A Cultural History of American Advertising*, Wadsworth, Belmont, 1998.

SOBEL, R., *They Satisfy: The Cigarette in American Life*, Anchor, Garden City, 1978.

STOCKWELL, T. S. y GLANTZ, S. A., "Tobacco Use is Increasing in Popular Films", en *Tobacco Control*, 6, 1997, pp. 282-284.

SURGEON GENERAL, *Smoking and Health: Report of the Advisory Committee to the Surgeon General of the Public Health Service*, U.S. Department of Health, Education, and Welfare, Washington, DC, 1964.

TENANT, R. B., *The American Cigarette Industry: A Study in Economic Analysis and Public Policy*, Yale University Press, New Haven, 1950.

THAYER, L. (ed.), *Communication Theory and Research: Proceedings of the First International Symposium*, Charles C. Thomas, Springfield, 1967.

THAYER, L., *On Communication: Essays in Understanding*, Ablex, Norwood, 1987.

TOCQUEVILLE, A. de, *La democracia en América*, Alianza Editorial, Madrid, 1989.

VALBUENA DE LA FUENTE, F., *Teoría general de la información*, Noesis, Madrid, 1997.

VILLABÍ-HERETER, J. R., "Tabaco y políticas del tabaco", en E. BECOÑA, *Libro blanco de la prevención del tabaquismo*, Glosa Ediciones, Barcelona, 1998, pp. 244-263.

WOLFSON, M., *The Fight Against Big Tobacco: The Movement, the State, and the Public's Health*, Aldine deGruyter, Hawthorne, 2001.

Sitios en internet
Última consulta: 22/08/24

Action on Smoking and Health, <www.ash.org> y
  <http://www.ash.org.uk>

Centers for Desease Control and Prevention,
  <https://stacks.cdc.gov/view/cdc/11261>

Comisión Nacional de los Mercados y la Competencia,
  https://www.cnmc.es.

Emergence of Advertising in America: 1850-1920,
  <https://repository.duke.edu/dc/eaa>

Epónimos científicos, <https://blog.uchceu.es/eponimos-
  cientificos/acido-nicotinico-acido-oxinicotinico-nicoteina-
  nicotelina-nicotiana-nicotianina-nicotina-nicotinamida-
  nicotinell-nicotinismo-nicotirina-nicotol-oxinicotina>

Forest, <https://www.forestonline.org>

Friends of Tobacco, <https://web.archive.org/web/
  20040902084030/http://fujipub.com/fot/>

George Gerbner Archive, <https://web.asc.upenn.edu/
  Gerbner/Archive.aspx>

HarpWeek, <www.harpweek.com>

In Defense of Smokers, <https://web.archive.org/web/
  20031007052146/http://lcolby.com/>

Japan Experience, <https://www.japan-experience.com/all-
  about-japan/tokushima/museums-galleries/awa-ikeda-
  tobacco-museum>

Jim's Burnt Offerings, <https://web.archive.org/web/
  20041010030413/http://www.wclynx.com/burntofferings/ad
  slist_of_pages.html>

Los Angeles Times, <https://www.latimes.com>

My Cigar Site, <www.MyCigarSite.com>

Organización Mundial de la Salud, <https://www.who.int/>

Phillip Morris International, <https://www.pmi.com> y
  <https://web.archive.org/web/20030816074246/
  http://www.philipmorrisinternational.com/pages/spa_ES
  /smoking/Health_effects.asp>

Public Broadcasting Service (PBS), <https://www.pbs.org>

Smoke Free Media, <https://smokefreemedia.ucsf.edu>

Smoking From All Sides, <https://web.archive.org/web/20040714074510/http://SmokingSides.com/>

Stanford Research into the Impact of Tobacco Advertising, <https://tobacco.stanford.edu/>

Tabacopedia.com, <https://tabacopedia.com/es/tematicas/historia-del-tabaco/#_>.

Tobacco Collectibles, <https://tobaccocollectibles.co.uk/the-history-of-tobacco>

Tobacco News, <www.tobacco.org>

Tobacco.com, <https://web.archive.org/web/20040825090702/http://www.tobacco.com/>

Tobacco.org, <https://web.archive.org/web/20050902130442/http://www.tobacco.org/news/137044.html>

Tobaccopedia, <https://web.archive.org/web/20031124041913/http://tobaccopedia.com/>

U.S. Government information for all, <https://www.govinfo.gov/>

Venerable Capital, <www.venerablecapital.es/en/curiosities-tobacco/>

W. Duke, Sons & Co. Advertising Materials, 1880-1910, <https://repository.duke.edu/dc/wdukesons>

Otras fuentes

Asociación Empresarial del Tabaco (AET), *Código de autorregulación de la publicidad de los productos del tabaco en España*, 12 de junio de 2001.

Directiva 2003/33/CE del Parlamento Europeo y del Consejo, de 26 de mayo de 2003, relativa a la aproximación de las disposiciones legales, reglamentarias y administrativas de los Estados miembros en materia de publicidad y de patrocinio de los productos del tabaco, en *DOCE*, 152, de 20 de junio de 2003.

Organización Mundial de la Salud, *Convenio marco de la OMS para el control del tabaco*, Documento A56/8 Rev.1*, 12 de mayo de 2003.

U.S. Department of Health, Education, and Welfare, *Smoking and Health: Report of the Advisory Committee to the Surgeon General of the Public Health Service*, US Department of Health, Education, and Welfare, Public Health Service (PHS Publication No. 1103), Washington, 1964.

U.S. Department of Health and Human Services, *Reducing Tobacco Use: A Report of the Surgeon General*, Department of Health and Human Services, Centers for Disease Control and Prevention, National Center for Chronic Disease Prevention and Health Promotion, Office on Smoking and Health, Atlanta, 2000.

9 798338 736838